決定版

皇室論

日本の歴史を守る方法

倉山満

ワニブックス

はじめに――このままいくと皇室はどうなるのか

私の口癖は、「救国」「くにまもり」です。「救国」と「くにまもり」は同じ意味です。では、何をやったら救国（くにまもり）になるのか。

悠仁（ひさひと）殿下の皇子様が天皇陛下に即位された時、この時代に生きている日本人の救国（くにまもり）が果たされるのだと考えています。

我が国は、神武天皇の伝説以来、二千六百八十三年の歴史を誇ります。一度も途切れることなく、皇室が存在しました。では、今後も続いていくのか？

最初に理想のシナリオ、つまり何も考えなくていい最良のシナリオを申し上げましょう。悠仁親王殿下が順調に成長されます。順調に結婚されます。順調に男の子が生まれます。その男の子が順調に天皇になります。理想のシナリオはこれで終わりです。今のところは、「順調」のように思えます。

しかし、この「順調に」が一歩でも崩れると皇位の危機になります。だからこそ、いろいろ想定、したくない想定もしなければならないのです。

令和四（二〇二二）年十月一日、悠仁親王殿下が初めてお一人で伊勢神宮を参拝されました。ニュース映像などを見るとわかりますが、悠仁親王殿下がいらっしゃったというので参道の傍らにはスマートフォンないしカメラを構える人たちが大勢集まってきていました。大人気です。しかし、「撮影できる」ということは、「狙撃できる」ということです。殿下の警護は大丈夫なのかと心配になります……。

いきなり不吉な話で恐縮ですが、あえて言います。日本の歴史をぶち壊したい人間は、悠仁親王殿下に危害を加えればいい、ということになります。

実際に、殺人未遂事件がありました。平成三十一（二〇一九）年四月二六日、悠仁親王殿下が通うお茶の水女子大学付属中学校（東京都文京区）の殿下の机の上に刃の部分がピンク色に塗られている刃物が二本置かれていたという事件がありました。

また、平成二十八（二〇一六）年十一月二十日には、母上の紀子妃殿下と同乗されていたワゴン車が中央自動車道で追突するという、交通事故にも遭われています。

これでは、悠仁親王殿下のご負担が、あまりにも大きい。お支えする皇族がいなければいけません。つまり、万一何か事があった時のための備えをする皇族が必要なのですけれども、それが今のところはいらっしゃらないのでどうしたらよいのか、というのが皇位継承問題の議論です。神武天皇の伝説以来の日本の歴史を悠仁殿下お一人が支えてくださっている。では、どうするのか、何もしなくてもよいのかが、皇位継承問題の要諦です。

現代において皇位継承問題が世間の注目を集め始めたのは、平成十六(二〇〇四)年に当時の小泉純一郎内閣総理大臣が私的諮問機関「皇室典範に関する有識者会議」を設置して以来のことですが、大きく二つの議論があります。

一つは、母方にだけ天皇の血筋を持つ人物が天皇になることを容認する、女系天皇容認論です。古来、皇位は神武天皇から続く男系の血統の人物をもって継がれてきました。女系天皇容認論は、いっそもう日本の歴史を変えてしまおうという議論です。その詳しい中身は追って各章で紹介していきましょう。

もう一つは、旧皇族の男系男子孫の皇籍取得の議論です。現行の日本国憲法と皇室典範が施行された後の昭和二十二(一九四七)年、皇位継承資格者二十六名を含む十一宮家五十一名が臣籍降下しました。十一宮家の五十一名はGHQ(General Headquarters/連合国軍最高司令官総司令部）の最高司令官ダグラス・マッカーサーに皇族の地位を剥奪(はくだつ)されて民間人となったわけですが、その子孫の方々、いわゆる旧宮家の方々がおられるわけです。

こうした、本来ならば皇族としてお生まれになる人たちだった方々に皇族の身分を取得してもらおう、天皇陛下に親王宣下してもらおう、というのが旧皇族の男系男子孫の皇籍取得の議論です。

菅義偉内閣の下で令和三（二〇二一）年三月に「天皇の退位等に関する皇室典範特例法案に対する附帯決議」に関する有識者会議の開催が開始され、同年十月に岸田文雄内閣に移行して以降十二月まで計十三回の有識者会議が開かれました。その報告書には、次のことが明記されています。

皇族には認められていない養子縁組を可能として皇統に属する男系の男子を皇族とすることについて具体的な制度の検討を進めていくべきであること、そして十分な皇族数を確保できない場合には皇統に属する男系の男子を法律によって直接皇族とする方策も検討すべきであることです。

皇位継承問題とは何か、その解決のための議論は今どうなっているのか、また、議論に登場する方策の意味は何か、解説していくことにしましょう。

本書は二本立てになっています。

皇室を取り巻く問題を講義形式で簡明に記したのが四つの本章で、それぞれに専門的な「補講」がついています。

私も政治家の方々に講義をすることがありますので、その際にお話しする内容をまとめたのが第一章から第四章。より深く専門的な議論を知りたい方のために、「補講」があります。初学者の方は本章だけ一気読みしても良いですし、一章ごとに補講を確認しながら読んでいっても大丈夫です。

第一章

皇位継承を語る際の大原則
~Yahoo!コメント欄で好き勝手言って良い話ではない~

補講

知っておくべき皇室の系図

皇位継承問題とは何か
～皇族が一人もいなくなる危機があった～

補講

皇室を取り巻く政治の話

第三章 なぜ皇室を守らなければならないのか
～日本の歴史を変えたい御仁がいる～

補講 学んでおくべき資料

第四章 「旧皇族の男系男子孫の皇籍取得」と「一般人が皇族になる」の比較

補講

「旧皇族」をめぐる問題

装丁：木村慎二郎

第一章

皇位継承を語る際の大原則

~Yahoo!・コメント欄で好き勝手言って良い話ではない~

四つの大原則

皇室についてお話をする際には、大原則を共有しておく必要があります。さもないと無限大に会話が通じなくなりかねません。最低限の価値観を共有していないと話ができません。

そこで最初に、皇室について話をする際の大原則を、四つ確認しておきます。

第一に、「本来、他人の家について語るのは失礼である」ということ。第二に、「皇位の〝安定的〟継承など、絶対に子供が生まれる技術が存在しない限りありえない」ということ。第三に、「皇室について語る際は先例に基づくべし」ということ。第四に、「日本国憲法の条文と通説の範囲内で論じる」ということ。

これは〝今回の話に関しての〟約束事と考えてください。皇室についてお話しする場合には、「いついかなる時も守らねばならない原則」と、「今回に限ってのお約束事」とが混ざっていることが多いので、ここでひとつひとつ解説します。

一つ目の大原則。「本来、他人の家について語るのは失礼である」です。これは常識でしょう。日本人は古来、他人の家の事情について語ることを失礼なことと考えてきました。いわんや、

「お前の家の跡継ぎはこういうルールで決めろ」などと、他人がとやかく押し付けるのは論外です。これは、皇室に限らず、普通の人の家の話であっても、他人がとやかく言うのは、失礼に決まっているでしょう。

戦前の日本人は、皇室という日本国の最高の家系については、口にすることさえ畏れ多いと感じていました。

かつての日本には、不敬罪という犯罪もあり、日本では明治十三（一八八〇）年から昭和二十二（一九四七）年まで運用されていました。現在は多くの君主国で、「不敬罪は、さすがにやりすぎではないか」ということで、廃止される傾向にあります。不敬罪があるから王室に対する敬意が育まれるわけでもありません。逆に、変な運用をすれば反発が余計に広がることもあります。私も決していい法律だとは思いません。戦前には、政府が国民を従わせるために皇室の名前を濫用し、反抗的な人々を牢屋にぶち込んだ、という事例すらありますから。

しかし、法律がないからといって、言論を無制限に濫用して良いとは思えません。皇室に対してであろうが、一般国民に対してであろうが、節度は必要です。

では、どこに節度を求めるか。今の時代に、「畏れ多い」と言っても、通じないと思います。

そこで、一つの原則を共有したいのです。

本来は、誰であろうと、他人の家の事情について語るのは、失礼なのです。ただし、皇室は、日本の歴史を背負っておられる家系として続いてきました。皇位継承問題は、日本の歴史において、常に政治の最も重要な問題であり続けてきました。現に今も、政治問題となっています。だからまったく何も言わないわけにはいきません。

つまり、皇室について語る、皇位継承問題について語る、ということは、「日本の歴史を続けるか否かという問題を語る」ということなのです。日本の歴史を続けるか否かの問題だからこそ、本来ならば失礼にあたる他人の家の事情について語る、ということが求められているのです。まず、この価値観を共有したいと思います。

卑近な例を実名であげましょう。

現在、Ｙａｈｏｏ！コメント欄をはじめとするインターネット上には、失礼極まる発言が溢れています。特に、「秋篠宮家に対しては何を言ってもいい」と言わんばかりの風潮です。つい最近は「雅子さまバッシング」で、その前は「美智子さまバッシング」でした。

こうした態度まで「言論の自由だ」で片付けるなら、この話は始められないでしょう。だから、最低限の価値観を共有したいのです。右とか左とか以前に、人として最低限の道徳を。繰り返します。原則として、他人の家に関して、あれこれ言うのは失礼です。しかし、日本国建国以来続いてきた皇室の行方は、我が国の政治に関して最も重大な問題であり続けてきました。だから例外的に、失礼を承知で、言わねばならないことを言うけれども、そこには節度が必要である。

この第一の原則を確認しておきます。

そんなに「安定的」継承をやりたいなら世襲をやめるしかない

次に事実の問題として、第二の原則です。「皇位の〝安定的〟継承など、絶対に子供が生まれる技術が存在しない限りありえない」です。

皇位はこれまで世襲で継承されてきました。世襲である以上、絶対に子供が生まれる技術がない限り、どんな制度であろうと、「安定的」な継承などありえません。子供が生まれなければ、そこで終わりですから。これは右派左派の対立議論以前に、自然科学、生物学（とも呼ぶのもおこがましい、当たり前）の話です。

現実に、絶対に子供が生まれる技術は存在しません。世襲制は、子供が生まれなければ終わりです。「では、世襲制をやめましょう」とするなら、この本は何の価値もないでしょう。

では、「皇室の世襲をやめよう」とは、どういうことか？「これまでの日本の歴史を変えよう、伝統を否定しよう」と同じ意味です。ここに価値を認めない人もいるかもしれません。

日本人の中にも、皇室の価値がわからない人はいるでしょう。皇室は空気のような存在ですから、普段は「何のために必要なの？」と考えてしまっても不思議ではありません。しかし、皇室を積極的に潰そうと思っている日本人は超少数派でしょう。日本人の大多数は、「皇室って何の意味があるかわからない。でも、積極的に潰したいとは思わない」でしょう。

そこで考えてください。

絶対に子供が生まれるという保証があるわけでもないのに、日本の皇室は、初代神武天皇の伝説以来公称二千六百八十三年も続いてきました。神武天皇から何代かの天皇は、歴史というより伝説上の人物です。伝わっている話を史実として扱うのにためらわれる天皇も何人かいます。

しかし、どう少なく見積もっても第二十六代継体天皇からでも千五百年です。さらに厳しく絶対に確実な第四十代天武天皇以来でも千三百年です。これほどの長い間、世襲で継承されてきたのです。千三百年であっても、一度も途切れることなく続いてきた、世界最古の王朝なのです。

このこと自体が驚異です。「これをやっておけば世襲による継承は大丈夫」ということは何もありませんでした。なぜそれができたのかというと、それぞれの時代ごとに努力する先人たちがいて、その先人たちの努力が「たまたま」実ってきたからです。

私はここで、「たまたま」という言葉を軽い意味で使っているわけではありません。「奇跡」と言い替えてもいいと思っています。

政府がずっと使ってきた言葉なので、批判になるのは気が引けるのですが……。皇位の「安定的」継承については、結局、絶対に確実な方法がない以上、「より安定的な方法」を皆で知恵を出して見つけ出していくしかありません。

ここで大事なのは、勝手に「ボクの考えた理想の皇室」「アタシの考えた皇位の安定的継承」などというのは、皇室を語る態度ではありません。第一の原則を思い出してください。そもそも他人の家のことに口出しするのが失礼なのです。他人が「これが理想だ。安定的だ」と押し付ける話ではありません。

では、どうするか。

皇室を語る際には作法があります。先ほど私は、「皆で知恵を出して見つけ出していく」と申し述べました。そう、「見つけ出していく」のです。では、どこから？

皇室の歴史からです。

何よりも先例を尊ぶ皇室

世の中には、「私の考える理想の皇室」というものを頭の中に描き、その時その時の理論によってそれが正しいということになれば、いかようにも皇室を変えても良いとする人もいるようです。しかし、少なくともこれまでの皇室は、そのような考え方を採ることはありませんでした。

世襲である以上、伝統の世界です。特に皇室というところは、自身のあり方を「先例」に基づいて議論してきました。「先例」の積み重ねが、伝統です。

「先例」というと「先例踏襲主義」のように、悪い意味の言葉として使われがちですが、皇室における「先例」とはそういう意味ではありません。簡単に言えば、政府や民間は、皇室の猿真似をしてきたのです。

皇室における「先例に基づいて物事を考えるべし」は、歴史の中で生まれた知恵です。「先例」は「掟」と言い替えても良い言葉です。皇室においては先例が掟です。

多数決であろうが絶対権力者の意向であろうが、その時代だけの一時の意見で超えてはならない掟があり、それが先例である、ということです。問題は、どの先例が吉例なのかを、その時代ごとに議論するのです。先例にはもちろん、吉例と悪例があるからです。つまり、どの先例が吉例なのか、それを歴史から発見しようとするのが、皇室を語る態度です。

先例という掟があるから、日本では、いかなる権力者も勝手なことはできませんでした。最も大きな例を挙げます。他の国では、「自分が皇帝になる」などと言って前の権力者に取って代わることが多々ありました。一方で、日本ではそのようなことは一度も起きませんでした。初代神武天皇の伝説以来、民間人の男が天皇になったことはありません。皇族になったこともありません。代々、皇族の方々が皇位（天皇の位）を受け継いできました。これを「万世一系」

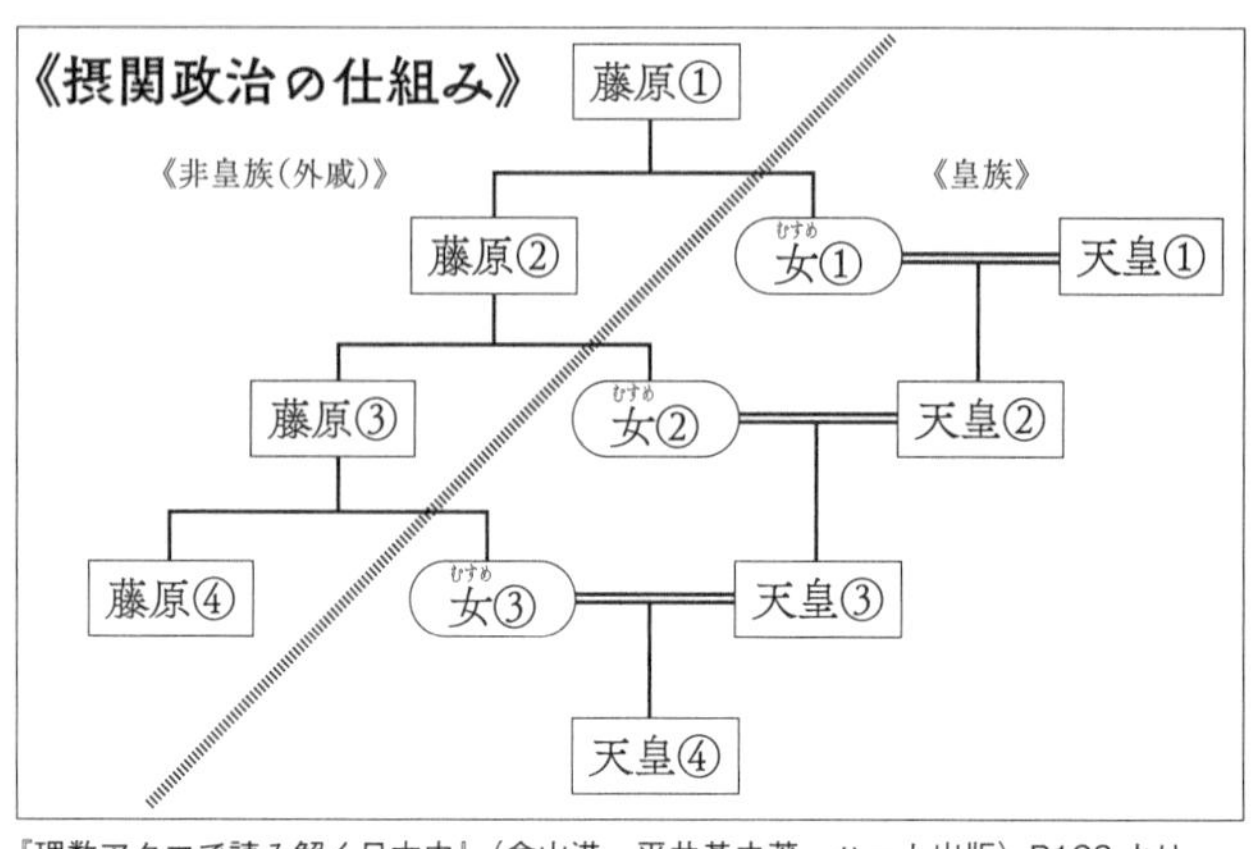

『理数アタマで読み解く日本史』(倉山満、平井基之著、ハート出版)P123 より

と呼びます。

どんな権力者も皇室に入ることはできませんでした。娘を皇室に嫁入りさせた例は多々あれど、男が皇室に入ったことは一度もありません。なぜなら、先例がないから、許されなかったのです。

たとえば、小学校の教科書にある摂関政治です。「平安時代の藤原氏は娘を次々と天皇の皇后とし、自らは外戚として権力を振るいました」と習います。これをイメージ図にすると上図のようになります。

外戚とは、「天皇の親戚」の意味です。しかし、「天皇家の外」にしかいないから、外戚です。いかに権力を持つ藤原氏といえども、先例がないから、皇族にはなれないのです。皇族とは天皇になる資格がある、天皇の身内のことです。蓄積された先例が掟として立ちはだかったので、民間人の男は誰一人、皇室には入れなかったのです。日本の歴史には、蘇我・藤原・平・源・北条・足利・織田・豊臣・徳川と、皇室をはるかにしのぐ権力者が数多く存在しました。むしろ天皇が権力を握っていた期間の方が圧倒的に短いくらいです。

しかし、誰も天皇に取って代わるどころか、皇族になることすらできませんでした。「先例がない」とは、それほど重い意味なのです。

もちろん、「先例」と言っても完全に杓子定規に再現するのではなく、過去の先例を組み合わせたり、「準ずる」形で踏襲したり、あるいはどうしようもない突発事件が起こった時は新儀で乗り切ったりしました。しかし、それでも一度も例外なく遵守された先例があります。

それが皇位の男系継承です。

皇位の男系継承とは、現天皇のお父さんのお父さん……と父親を辿っていくと必ず天皇に辿りつく、ということです。

ちなみに、女系天皇と女帝（女性天皇）は、まったく違います。歴代八方（十代）の女帝がいらっしゃいます。なぜ人数と代数が違うかといえば、二度天皇になられた方が二人おられるからです（重祚と言います）。そのすべての方が、男系女子です。

男系継承は女性差別である、男女平等の観点から女系継承を容認しようという議論があります。これは皇室の歴史を知らない人の議論です。男系継承は、民間人の男を皇室に入れない、男性排除の理論です。先の図をもう一度見てください。藤原氏の誰も、皇族にはなれませんでした。どんなに権力を持っていても、男系で天皇の血をひかない一般人の男は、皇室に入れない。男性排除の論理なのです。

逆に、民間人の女性で皇族になった方は何人もいらっしゃいます。そのはじめは、奈良時代の藤原光明子（七〇一～七六〇年）です。皇族ではない藤原不比等とその妻・県犬養橘三千代の間に生まれ、皇太子時代の聖武天皇と結婚し、光明皇后となりました。今の皇太后陛下、皇后陛下、秋篠宮妃殿下は、もともとは正田さん、小和田さん、川嶋さんという名字の民間人の女性でした。

このように民間人の女性が皇族になった例は無数にありますが、民間人の男性で皇族になった例は日本の歴史上、一度もありません。一時期、女系継承が容認されて小室圭さんが「圭殿下」になるのではないかという噂が流れたことがありますけれども、そのようなことにはなりませんでした。

この議論に、男女平等（最近はジェンダー平等と呼ぶのが正確か？）の問題はまったく無関係です。それを言うなら、男系継承というのはむしろ男性差別だという議論が成り立つという考え方もできてしまいます。より正確に言えば、そもそも皇室ができた時点において、男女平等（ジェンダー平等）といった考え方はとっていません。もしも皇室が歴代を女系で継承していたならば、私は絶対に女系継承を守れと主張したでしょう。「男系を今後も守っていくべきだ」という議論は、男女平等（ジェンダー平等）とは何の関係もなく、一度も例外なく続けてきた日本の歴史を守るか守らないかだけの問題です。

仮に、「皇室を女系継承していこう」というなら、具体的にいえば敬宮愛子内親王殿下に即位していただいた後は、永遠に娘が天皇を継いでいくということです。これと似て非なるもので、「娘でも息子でも長子相続」のようにしていくというのを「女系容認」と言います。これは「女系天皇」ではありません。男系でも女系でもない「雑系天皇」とでも呼ぶしかない代物です。世上、言われている「女系天皇」論の中身は、「雑系天皇」論なので、私は「女系天皇」という言い方自体が紛らわしいのでやめた方が良いと思っています。

純粋な「女系天皇」あるいは「雑系天皇」のいずれにしても、これまでの「男系継承」の歴史の否定です。「女系天皇」を主張される方の主張に従えば、愛子殿下に小室圭さんのような方と結婚してもらって、娘が代々天皇を継いでいく。「雑系天皇」の方々の主張に従えば、継いでいくのは娘とは限らない、ということになります。

現在、皇室には神武天皇の伝説以来の日本の歴史を体現する、悠仁殿下がおはします。現在の皇位継承順位は、天皇陛下の弟君である秋篠宮殿下が第一位。そして悠仁殿下が第二位。次世代の皇位継承者は、悠仁殿下だけです。

日本の歴史で一度も例外のない皇位の男系継承を続けるには、悠仁殿下をどのようにお守りするかの議論こそが大事なはずです。

海外を眺めると、「女系容認」「男女関係なく長子優先」の制度の国もあります。それが日本と何の関係があるというのでしょうか。国際社会においては、歴史の長いというのは、伝統があるので偉いのです。古い方が新しい方に従う理由はないのです。日本の皇室が世界最古最長不倒である以上、参考程度に外国の王室を研究するのは構いませんが、盲目的にそれに合わせる必要はありません。

最近、イギリスでエリザベス二世からチャールズ三世に王位が継承されました。女系継承です。昔のイギリスでは、こういうのを「王朝交代」と言いました。

たとえば一六〇三年にエリザベス一世からジェームズ一世に継承された時は、テューダー朝からステュアート朝に王朝交代したことになっています。しかし現在のイギリスは女系継承も王朝交代として扱わないようになりました。「そうしたいから、そうした」以外の理由は特にありません。同じことを「王朝交代」と呼ぶか呼ばないかだけのことです。

イギリスがそのようにするのは勝手ですが、なぜ日本がその真似をしなければならないのか。これまで説得力のある理由を聞いたことがありません。

ちなみにイギリスは女系継承を認めたので、王位継承者は順位五千七百五十三位までいるそうです。それを真似して、果たして日本の皇位継承が安定するのかどうかは、次節で。

五世の孫の原則

第四の原則に行く前に、大事な横道のお話をします。

皇位継承において今、皇室に次世代の皇族が少なすぎることが問題とされています。だから見えにくいのですが、子供が多すぎても争いが起きて皇位継承が不安定となるのが日本の歴史です。外国の歴史をみてもそうです。王位（帝位）継承者が多すぎて、それが常に騒乱の種になってきました。

そうした争いを避けるために「五世の孫」の原則というものがあります。「五世の孫」の原則とは、皇室の直系から遠い皇族は、五世以内に皇室から出ていって民間人となる、つまり臣籍降下しなければならないという原則です。したがって桓武天皇（七三七～八〇六年）の五世以内に平氏ができました。桓武天皇の曾孫（四世）の高望は臣籍降下して平の姓を賜って平高望と名乗り、桓武平氏の祖となりましたが、平氏は君臣の別により皇族とは扱われません。また、清和天皇をはじめとする天皇の五世以内に源氏ができたりしました。

歴代天皇には源氏の姓を賜った「賜姓源氏」がいます。その中で最も有名なのは、清和天皇（八五〇～八八一年）の「清和源氏」です。清和天皇の孫の経基王が源氏の姓を賜り、子孫に源頼朝や足利尊氏が出て武家の世を開きます。

直系の尊重は、皇室だけに限らない日本の伝統です。直系から遠い方というのは後継者として敬遠されます。「天皇の退位等に関する皇室典範特例法案に対する附帯決議」に関する有識者会議の報告書には、直系とは離れた継承の例として、徳川家の継承が例として挙げられていました。「例えば、徳川家は、征夷大将軍全15代のうち6代が先代の実子ではなく、徳川家康の血をひく子孫が後を継いでいる。家康の血をひいていることが重視されたものと考えられ、例えば、第10代家治は、5親等離れた家斉を養子として後を継がせている」と紹介されています。第十五代将軍の徳川慶喜は、聡明だからと評判でながらく将軍候補として挙がっていましたが、当時の現将軍の直系からはとてつもなく遠い人でした。先代第十四代の家茂と共通の先祖を辿っていくと二百五十年前の徳川家康に辿りつくに過ぎず、徳川将軍家のような名門でなければ、まったくの赤の他人として認識もされないでしょう。

直系を男系より重要視するということはありませんが、直系も大事な原則の一つではあります。男系の中で直系を重視する、ということであり、この優先順位を逆にするとわけがわからなくなります。

皇室においては五世の孫の原則がありますが、例外があります。中でも重大な例外が伏見宮家です。伏見宮家は、南北朝時代の動乱の複雑な経緯から永代親王家となった家系ですが、有識者会議で話題になっている旧皇族家と言われる人たち、つまりＧＨＱに追い出された十一宮家はすべて伏見宮家の子孫であり、明治時代には伏見宮家系統と呼ばれていました。伏見宮家は約六百年前の、当時の数え方で第九十八代の崇光天皇（一三三四～一三九八年）を先祖とします。六百年前の話ですから、皇族ということでなければ親戚だとは絶対に認識できないくらい遠く離れているというのは確かです。その点で、女系天皇容認論の人たちの批判は一理あると言えるでしょう。一理はあっても二理あるかは追々。

皇位継承については、こうした、非常に難しい要素がいろいろあります。したがって、皇室を語る際には、勝手なことを自由に考えるのではなく、どの先例に従うべきなのかという議論を軸としなければなりません。

こうした内容を踏まえて、第四の原則です。

私は、現実離れした話をするつもりはまったくありません。皇室の未来を語っていただきたい政治家の方にこそ伝えたいくらいのことなので、日本国憲法の枠内でお話しします。これが、皇室を語る際の四つめの大原則「日本国憲法の条文と通説の範囲内で論じる」です。

良い悪い以前に日本国憲法は変わりません。日本国憲法の枠内ということの意味は、具体的に言えば、日本国憲法の変わらない条文をもって語るということ、そして、憲法学界のいわゆる護憲派の通説ですら認められるようなところで語る、ということです。私は日頃それらを批判していますけれども、これは学界多数派の通説であり、政府の有権解釈であるというところに基づいてお話をいたします。

通説も有権解釈もころころと変わりますが、護憲派を全否定するような議論をする気はまったくありません。護憲派も日本国民であり、皇室を守ろうとするのであればぜひ聞いてくださいという立場でお話をいたします。憲法論の中身については、後の章でお話ししましょう。

ただし、現行の皇室典範は無理がきていますから、皇室典範についてはどこかで改正する必要があります。ちなみに、世襲制を廃止するのであれば、憲法改訂が必要です。皇位の世襲制廃止は改悪だと私は思っていますが、あえて改悪とは言いません。改訂と言っておきます。ここまでの議論だけでも共有できないという人もきっといらっしゃることでしょう。そういう人たちに言うことがあるとすれば、「どうぞ憲法を変えてください」ということだけです。

改めて、四つの原則を確認します。

第一に、「本来、他人の家について語るのは失礼である」ということ。第二に、「皇位の〝安定的〟継承など、絶対に子供が生まれる技術が存在しない限りありえない」ということ。第三に、「皇室について語る際は先例に基づくべし」ということ。第四に、「日本国憲法の条文と通説の範囲内で論じる」ということ。

どうすれば、日本の歴史を続けることができるのか。次章より皆様に提言いたしたいと思います。

第一章 補講 知っておくべき皇室の系図

《戦前日本人は「畏れ多い」と感じた》

初代内閣総理大臣・伊藤博文が書いた「憲法義解」と呼ばれている、大日本帝国憲法および皇室典範の解説書（一八八九年刊行）がある。憲法学者の宮沢俊義（一八九九～一九七六年）が校注した『憲法義解』（岩波書店、一九四〇年）の二〇一九年刊行の文庫復刻版のカバーには伊藤博文著の初版本の表紙の写真が掲載されている。これを見ると「帝国憲法」「皇室典範」と二行並んで書かれている下に「義解」としてある。この本の題名はいったい何なのか、実は誰もわかっていなかったが、いつしか「憲法義解」で定着した。

現在、皇室典範は日本国憲法の下の法律という位置づけだが、大日本帝国憲法下では対等だった。皇室の家法である皇室典範と国家の最高峰である帝国憲法は、お互いに干渉しないけれども支え合う、「典憲体制」と呼ばれる体制を取っていた。この帝国憲法と皇室典範を逐条ごとに伊藤博文の名前で解説したのが憲法義解である。

注目すべきは、大日本帝国憲法第一章「天皇」の第一条から第十七条の解説と皇室典範の全条の解説が、すべて「恭て按ずるに（つつしみてあんずるに）」で始まっていることだ。これは、「国家の最高の関心事だから政治家として皇室について語らざるをえないのだけれども本来ならば畏れ多いことです」という意味である。

《不敬罪》

戦前日本には、不敬罪と大逆罪があった。整理すると以下のようになる。

罪の種類	犯罪者＼対象	天皇・太皇太后・皇太后・皇后・皇太子・皇太孫	皇族	神宮・皇陵
大逆罪	危害を加えた者	死刑	死刑	
	危害を加えんとした者	死刑	無期懲役	
不敬罪	不敬の行為のあった者	三月～五年の懲役	二月～四年の懲役	三月～五年の懲役
住宅侵入罪				三月～五年の懲役

百瀬孝『事典　昭和戦前期の日本　制度と実態』（伊藤隆監修、吉川弘文館、一九九〇年）七十六頁より作成。

《世界最古の王朝》

日本の歴史を記した現存する最古の歴史書は『古事記』であり、『日本書紀』と合わせて「記紀」と呼ばれる。日本国の公式の歴史書は『日本書紀』。両書には、記述に多くの違いがあるが、歴代天皇の代数に関しては完全に一致する。『古事記』は初代神武天皇から第三十三代推古天皇まで。『日本書紀』は初代神武天皇から第四十一代持統天皇までが記されている。

どの時点からが史実と特定できるかには多くの議論がある。

たとえば、第二代綏靖天皇から第九代開化天皇までは御事績がほとんど伝わっていないので、「欠史八代」と呼ばれる。また、第十六代仁徳天皇までは、没年が異常に高齢なので、「記紀」の記述をそのまま史実と信じるわけにはいかないとの態度が、歴史学者の主流である。もっとも、当時は春秋の季節ごとに一年と数えたので、没年齢を半分にすれば問題がないとの見解もある。

ただ、『日本書紀』には「一書に曰く」と、「異説がある」と記している箇所が多々ある。多くの国の正史はたぶんにプロパガンダ的な記述が露骨であるのに対し、このような記述方法は、古代日本人が歴史を可能な限り正確に記述しようとした態度と評価することもできる。

代	天皇	年齢
初代	神武天皇	一二七歳
第二代	綏靖天皇	八四歳
第三代	安寧天皇	六七歳
第四代	懿徳天皇	七七歳
第五代	孝昭天皇	一一四歳
第六代	孝安天皇	一三七歳
第七代	孝霊天皇	一二八歳
第八代	孝元天皇	一一六歳
第九代	開化天皇	一一一歳
第十代	崇神天皇	一一九歳
第十一代	垂仁天皇	一三九歳
第十二代	景行天皇	一四三歳
第十三代	成務天皇	一〇七歳
第十四代	仲哀天皇	五三歳
第十五代	応神天皇	一一一歳
第十六代	仁徳天皇	一四三歳

天武天皇による勅撰の序文で始まる『古事記』は三巻構成である。上巻（かみつまき）は最初から「神代編（かみのよへん）」と断っている。つまり、この世が誕生した「天地開闢（かいびゃく）」から神々が地上に降り立ちその子孫が天皇となる「天孫降臨」までは、「これは神話であり歴史ではない」とはっきり述べている。

中巻（なかつまき）下巻（しもつまき）が「人代編（ひとのよへん）」であり、中巻は初代神武天皇から第十五代応神天皇まで、下巻は第十六代仁徳天皇から第三十三代推古天皇まで。よって、推古朝（五九二～六二八年）は、天武朝（六七三～六八六年）にとって〝近代史〟、すなわち近い過去にあたる。古代国家が完成に向かう天武朝の時代に歴史書の編纂が始められ、元明朝（七〇七～七一五年）の和銅五（七一二）年に完成した。

このような事情を考えると、中巻は「このように伝わっている」との伝説の時代であり、下巻はあからさまな嘘を記述できない、歴史として扱って良い時代と考えられる。

以上を考えただけでも、最も厳しい説を採ったとしても、千三百年間、我が国の皇室が一度も途切れることなく世襲されてきたことは、事実である。

なお、我が国に次ぐ最長不倒の王室はデンマークの千三百年。デンマーク大使館ホームページの「歴史」の項目には、「デンマークは世界で2番目に古い君主国です（一番古い君主国は皇室のある日本）」「デンマーク人については多くの歴史的文献に記述されているものの、国としての最古の記録は965年のものになります」とある。ただし、これは我が国の「記紀」をすべて史実とするような数え方で、実在する歴史とすればはるかに短くなる。仮に「デンマーク王室は千百年以上、一度も途切れることなく続いてきた」と数えるなら、「我が国は二千六百八十三年続いてきた」と数えないと公平を欠く。もっとも、こちらだけ厳しく千三百年と数えてもなお二百年長いが。

以上、我が国の皇室は世界の中で、圧倒的に古い歴史を持つ。世界の外交では歴史が古い方が問答無用で偉いとされる。少なくとも、外交的には価値がある。

歴史の古さが外交的に武器（しかも最強の）となりえるというだけが皇室の価値ではないだ

ろうが、このような皇室の歴史を守りたいか否かが、本書を読む起点である。

《継体天皇》

第二十五代武烈天皇は傍若無人の独裁者であったとされ、子を残さず崩御された。暗殺されたとも言われている。『日本書紀』の記録から、武烈天皇時代の宮廷は豪族たちの権力闘争が激しかったと推察される。

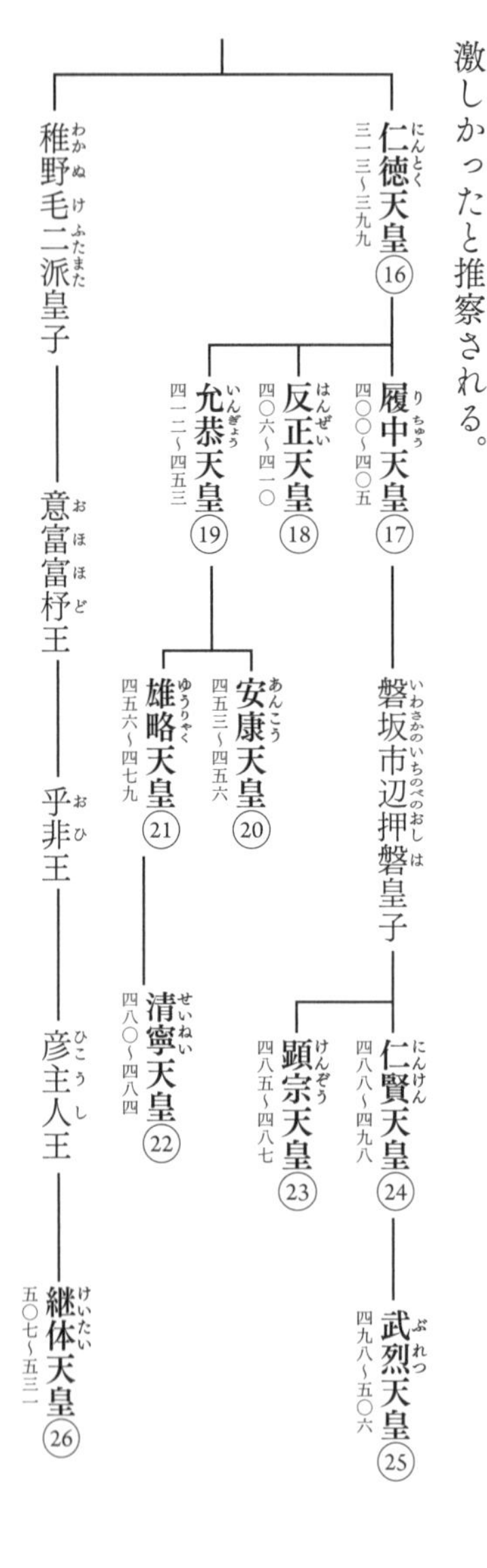

天皇が子供を残さず崩御されたので、後継者選びは難航する。そこで遠縁にあたる、越の国の男大迹王が、群臣衆議の末に後継天皇に推戴される。第二十六代継体天皇である。

この時、「実は王朝交代がなされていたのではないか」との俗説が、学界でも唱えられた（たとえば古代史の泰斗である直木孝次郎がこの説を支持）。しかし、これは推論にすぎず、決定的な論証は何もない。仮に継体天皇の時代で王朝交代が起こっていたとしても、約千五百年の歴史を誇る世界最古最長不倒の王朝であるのに変わりはない。

ちなみに『日本書紀』に描かれる継体天皇の人物像は、およそ簒奪者とは思い難いほど弱々しい。群臣一致で推戴されながら、権力闘争に巻き込まれて暗殺を恐れたか、二十年も都に入るのをためらっている。

それより、この伝説の時点で既に「男系継承」が慣習法（つまり掟）として確立されていた事実が読み取れる。

なお、継体天皇は、仁賢天皇の皇女で武烈天皇の姉（妹とも伝わる）の手白香皇女を皇后とした。二人の間に生まれたのが第二十九代欽明天皇であり、現在の皇室の直系に連なる。

皇位は男系では継体天皇の系統で繋がっているが、女系では仁賢天皇とも血縁を近くしている。このように、継体天皇は先代の武烈天皇と血縁が遠かったが、女系で男系を補うことで血縁を近くした。

これは江戸時代の光格天皇の先例にもなっている。

《男系と女系》

政府の有識者会議は、以下のように定義している。

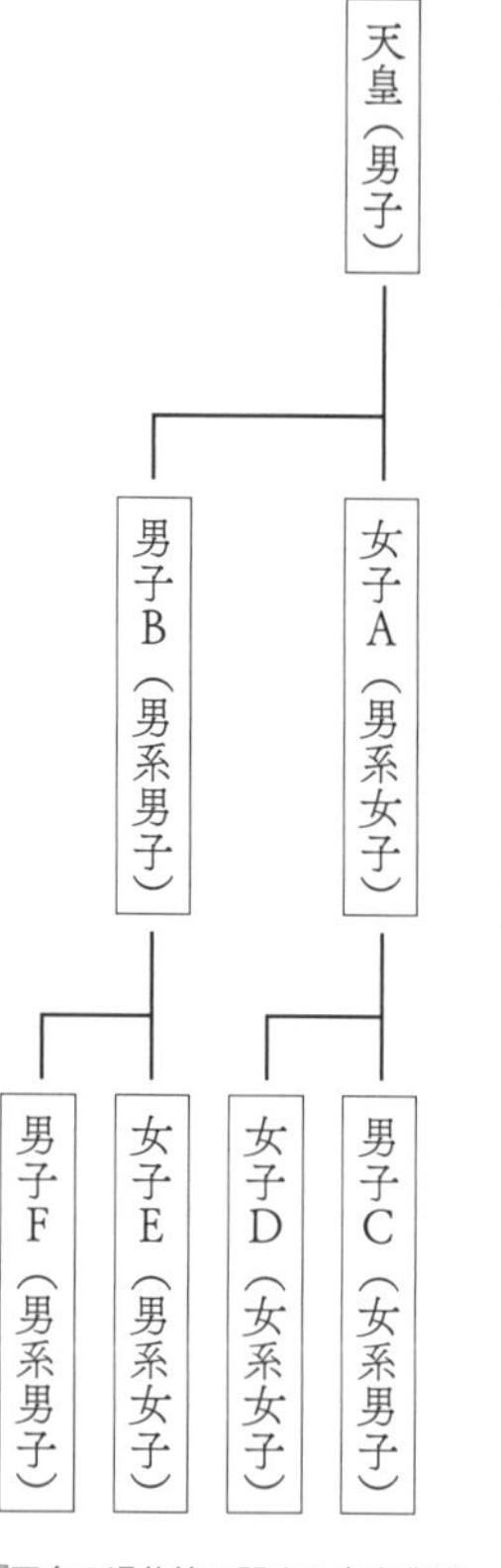

「『天皇の退位等に関する皇室典範特例法案に対する附帯決議』に関する有識者会議の開催について」報告書より

《万世一系》

男子の天皇から男子の天皇が生まれついた場合には、これは男系男子であってまったく問題はない。皇位継承において最も多い例である。

全百二十六代中百十六代と、ほとんどの天皇が男系男子の天皇である。現在では正統からはずされ「閏(うるう)」とされている北朝五代の天皇も、全員が男系男子である。

例外が、八方十代の女帝。この方々は、すべて男系女子の天皇である。また、そのすべてが未亡人か独身であった。

神武天皇の伝説以来、何度か皇統断絶の危機はあった。その都度、傍系継承により皇統断絶を免れている。

以下、神武天皇以来の系図を辿る(宮内庁HP天皇系図を参考に作成)。

系図1　初代神武天皇〜第十五代応神天皇

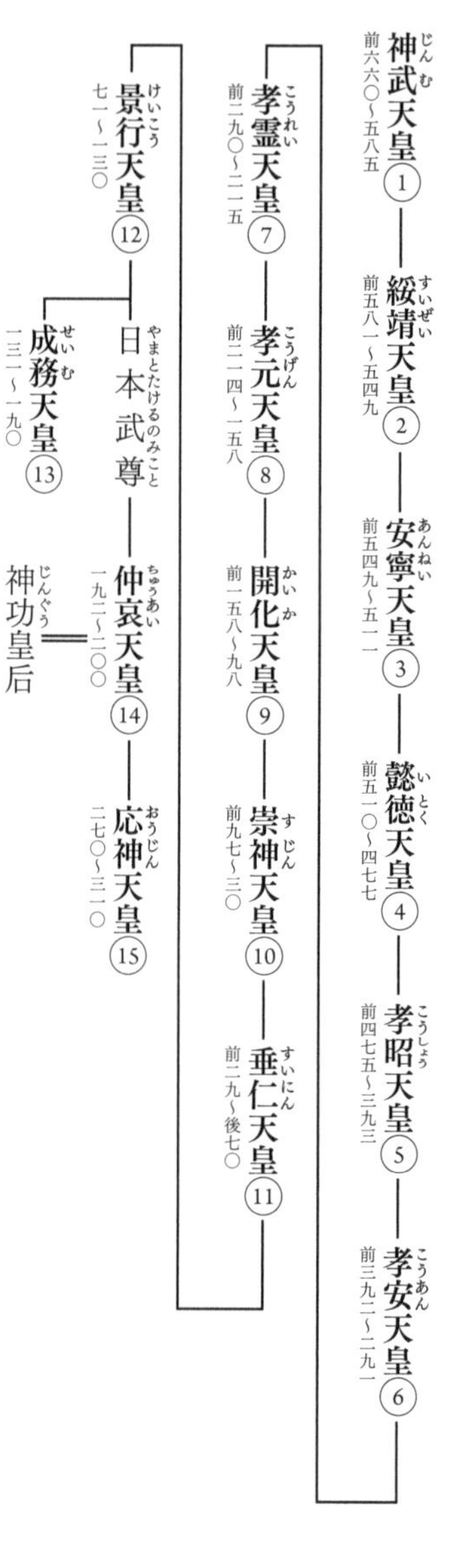

伝説の時代であるが、第十二代景行天皇までは、すべて父から子への継承。途中、第十三代成務天皇から第十四代仲哀天皇への継承は叔父甥の関係である。系図1に登場する天皇は、父親が天皇であり、唯一の例外である仲哀天皇も父が皇族であり、祖父が天皇である、男系男子のみによる継承。

系図2　第十五代応神天皇～第二十六代継体天皇

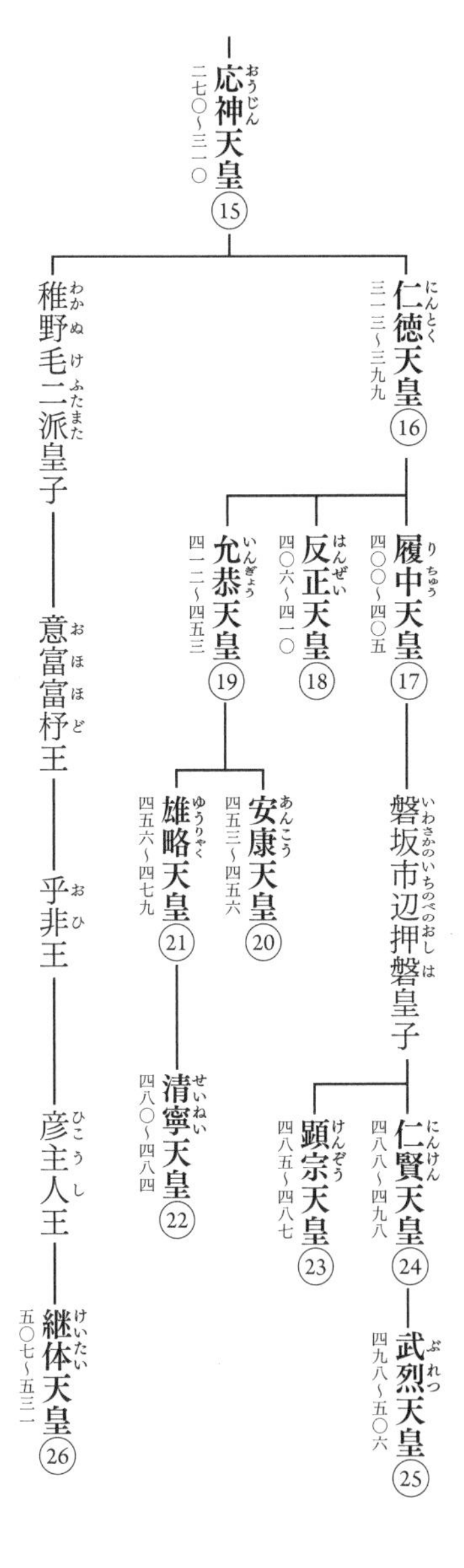

第十七代履中天皇から第十九代允恭天皇まで、第二十代安康天皇から第二十一代雄略天皇まで、第二十三代顕宗天皇から第二十四代仁賢天皇までと、兄弟継承が多い。第二十五代武烈天皇まで、すべての天皇が父か祖父が天皇の男系男子のみによる継承。

継体天皇については既述。どの時点で伝説から確実な歴史になるかに議論はあるにせよ、我が国の正史においては、千五百年前の第二十六代継体天皇まで、皇位の男系継承の伝統法が確立されていたと確認できる。

系図3　第二十六代継体天皇～第三十四代舒明天皇

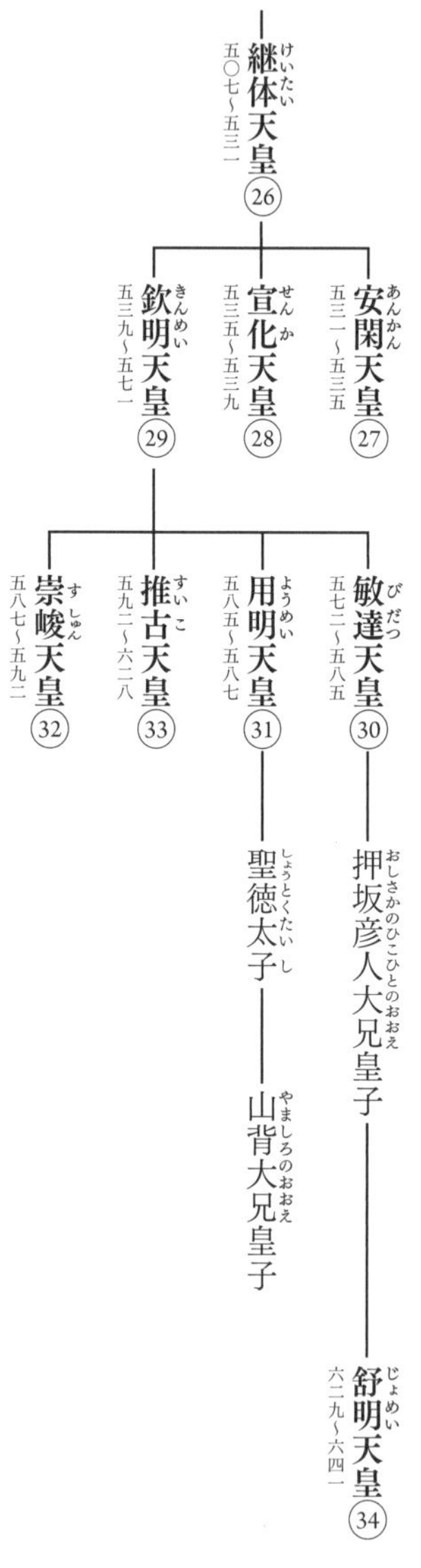

第二十七代安閑天皇から第二十九代欽明天皇まで、第三十代敏達天皇から第三十三代推古天皇まで、兄弟継承が多くなる。多くの政争の果てに、継体～欽明～敏達～舒明の系統が現在に至る皇室の直系となる。この過程で、聖徳太子の一族は滅ぼされた。

系図4　第三十代敏達天皇～第四十代天武天皇

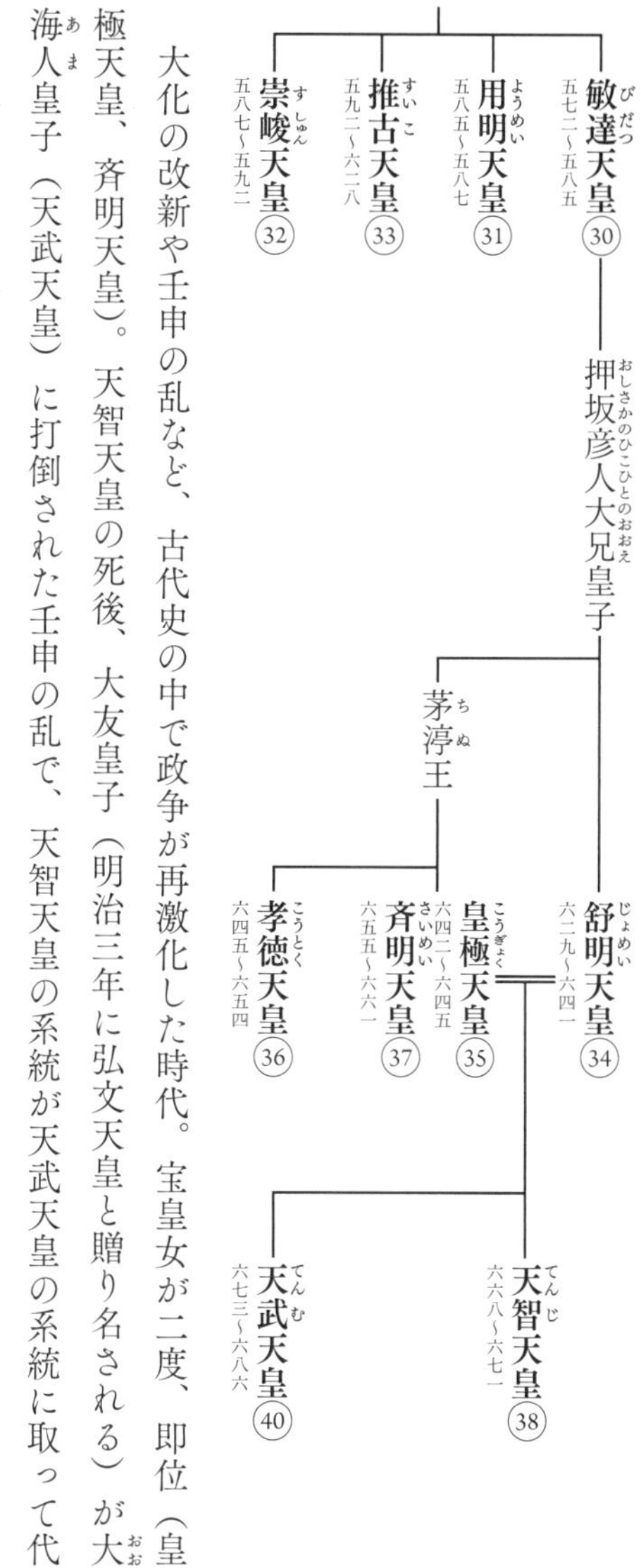

大化の改新や壬申の乱など、古代史の中で政争が再激化した時代。宝皇女が二度、即位（皇極天皇、斉明天皇）。天智天皇の死後、大友皇子（明治三年に弘文天皇と贈り名される）が大海人皇子（天武天皇）に打倒された壬申の乱で、天智天皇の系統が天武天皇の系統に取って代わられたと思われたが……。

系図5　第三十四代舒明天皇～第五十代桓武天皇

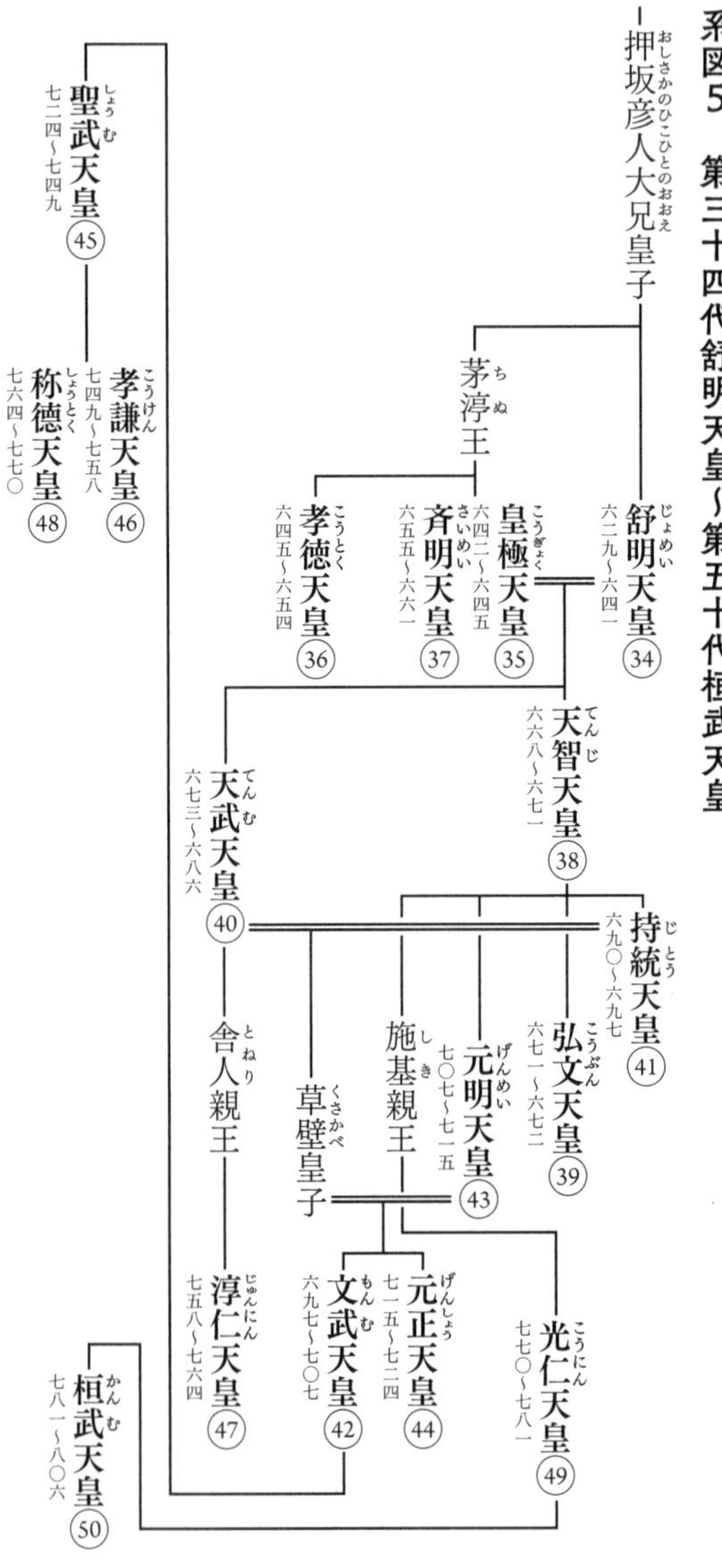

天武朝の中で、天武天皇～草壁皇子～文武天皇～聖武天皇の系統を直系にすべく、皇位継承が図られる。後継ぎとしたい皇子が幼少の際、女帝（持統、元明、元正）が立てられる。

阿倍内親王（後の孝謙天皇。重祚して称徳天皇）を皇太子として立てたのは、聖武天皇の重大な先例違反である。

聖武天皇は先例やぶりの「常習犯」であり、宮子尊号事件、臣下からの皇后冊立（光明皇后）など。

自らの母に尊号を贈ろうとした宮子尊号事件（辛巳事件）では長屋王に諫められたが、王が長屋王の変で殺害されてからは藤原氏と組み、臣下からの皇后冊立を実現。

独身で子供がいなかった称徳天皇は側近を天皇にしようとする道鏡事件（宇佐八幡宮神託事件）を引き起こすが、和気清麻呂らによって阻止された。

以後九百年間、女帝は禁止される。結果、第四十九代光仁天皇が即位、天智天皇の系統に直系が戻り現在の皇室に連なる。

多くの危機があったが、皇位の男系継承は守られた。

系図6　第五十代桓武天皇〜第七十一代後三条天皇

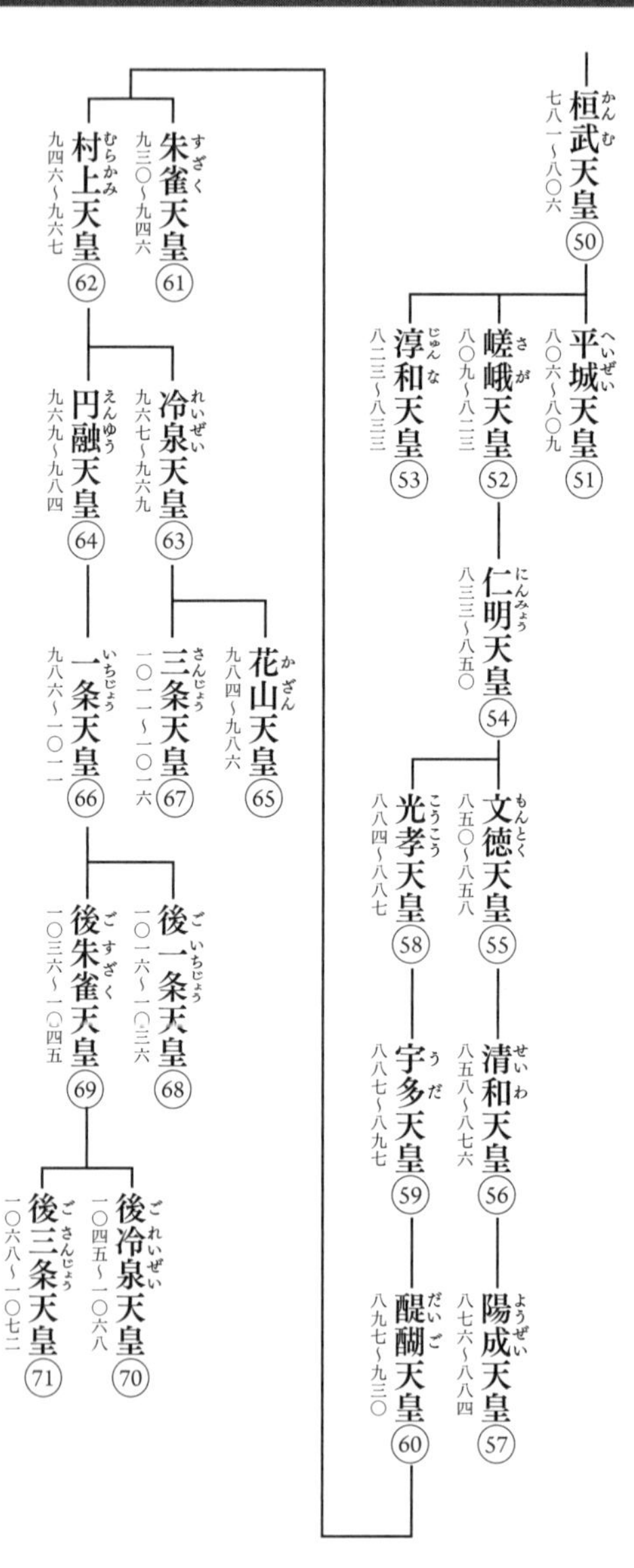

第五十一代平城天皇から第五十三代淳和天皇まで兄弟継承。平城天皇から嵯峨天皇の継承に際し、薬子の変があり、「二所朝廷」と呼ばれる分裂が生じたが、結局は嵯峨天皇の系統が皇

室の直系に。第五十四代仁明天皇以降は、皇位継承に藤原氏の意向が大きく左右する。

第五十五代文徳天皇の系統は孫の第五十七代陽成天皇で絶えている。一度は臣籍降下した第五十九代宇多天皇と生まれた時は臣籍にあった第六十代醍醐天皇は、極めて異例な形での即位である（第四章で詳述）。

第六十三代冷泉天皇と第六十四代円融天皇の両系統は「両統迭立」となっており、交互に皇位継承を繰り返している。円融天皇の系統が直系と確立したのは孫の代の第六十八代後一条天皇の時である。この間、藤原氏による皇室への多くの圧迫があり、三条天皇などは失明に追いやられ、その子である敦明親王は皇太子拝辞に追いやられている。

第七十一代後三条天皇は二十五年に及ぶ藤原氏の「いじめ」に耐え続け、摂関政治を終わらせるに至った。

この間も、皇位の男系継承は守られた。

系図7　第七十一代後三条天皇～第八十二代後鳥羽天皇

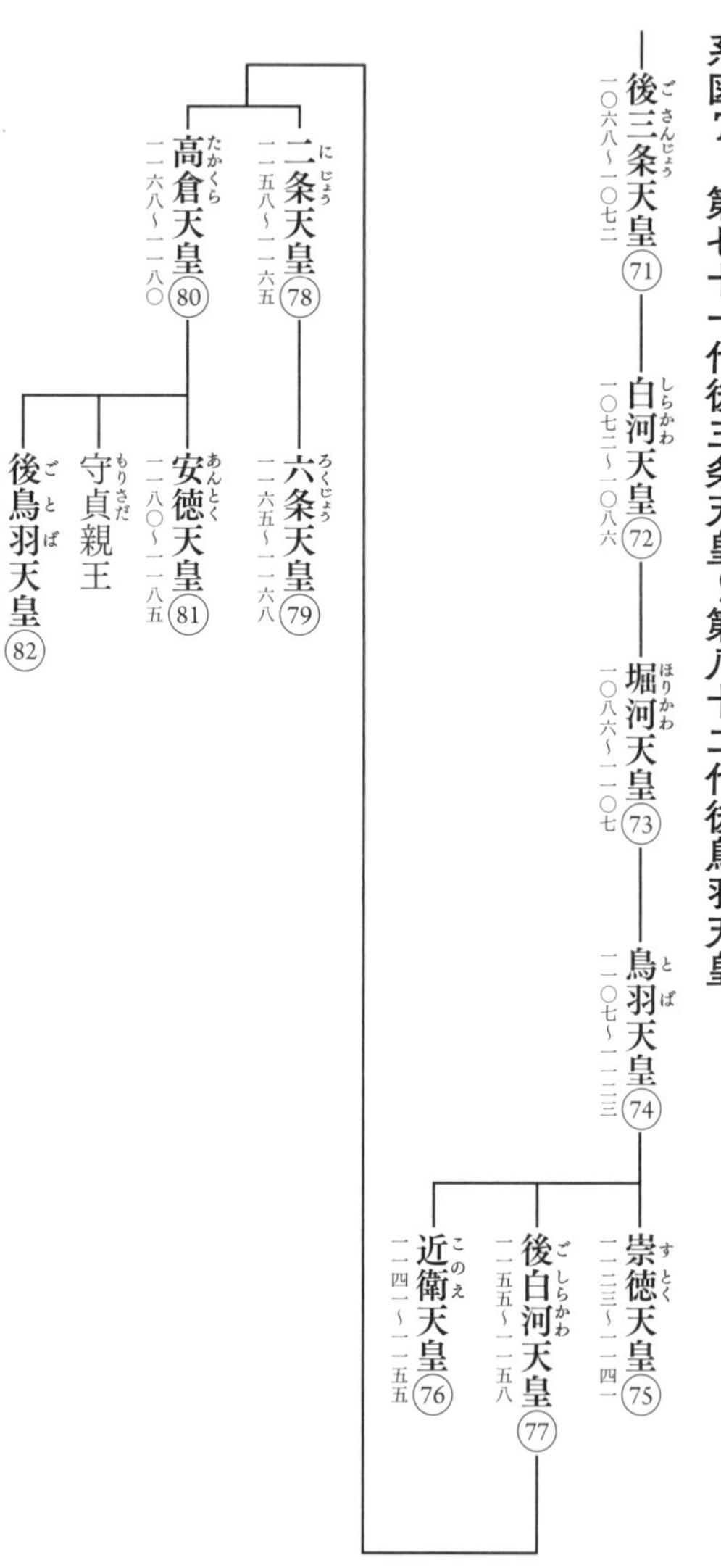

院政の成立、平氏政権の樹立、源平合戦、鎌倉幕府設立、承久の乱など、武家の世の到来により、皇室のあり方も根本から変化していく。

この間も、皇位の男系継承は守られた。

系図8　第七十七代後白河天皇～第八十八代後嵯峨天皇

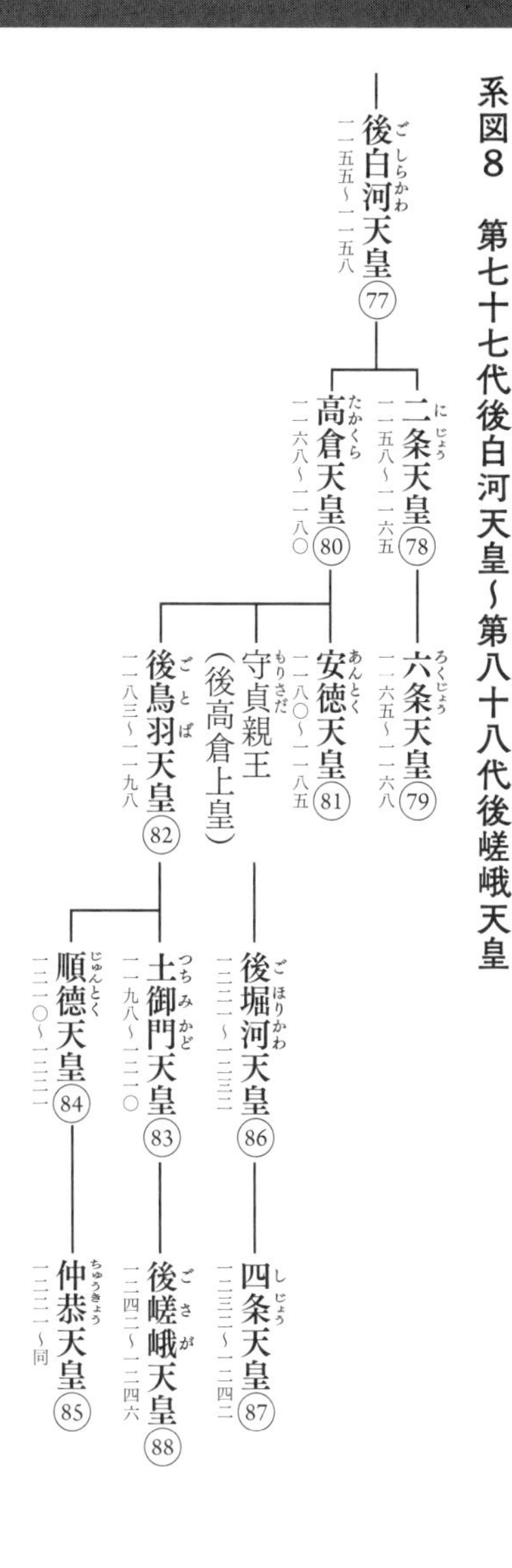

承久の乱では、陪臣（家来の家来）にすぎない北条氏の手によって上皇が島流しにされ、践祚したばかりの天皇（明治三年に仲恭天皇と贈り名）が即位を前に廃位されるなど、甚だしく権力を喪失した。北条義時は、登極の経験がない（天皇になったことがない）守貞親王に院政

を敷かせ（後高倉上皇）、第八十六代後堀河天皇を擁立する。

つまり、天皇の首を挿げ替えた。

後に後堀河天皇の系統が絶えた時、第八十八代後嵯峨天皇を擁立したが、これは後嵯峨の父である土御門上皇が後鳥羽上皇の挙兵（承久の乱）に反対したからであった。

このように、鎌倉幕府は思うがままに権力を行使したが、皇位の男系継承は守られた。

系図9　第八十八代後嵯峨天皇〜北朝初代光厳天皇（第九十七代後村上天皇）

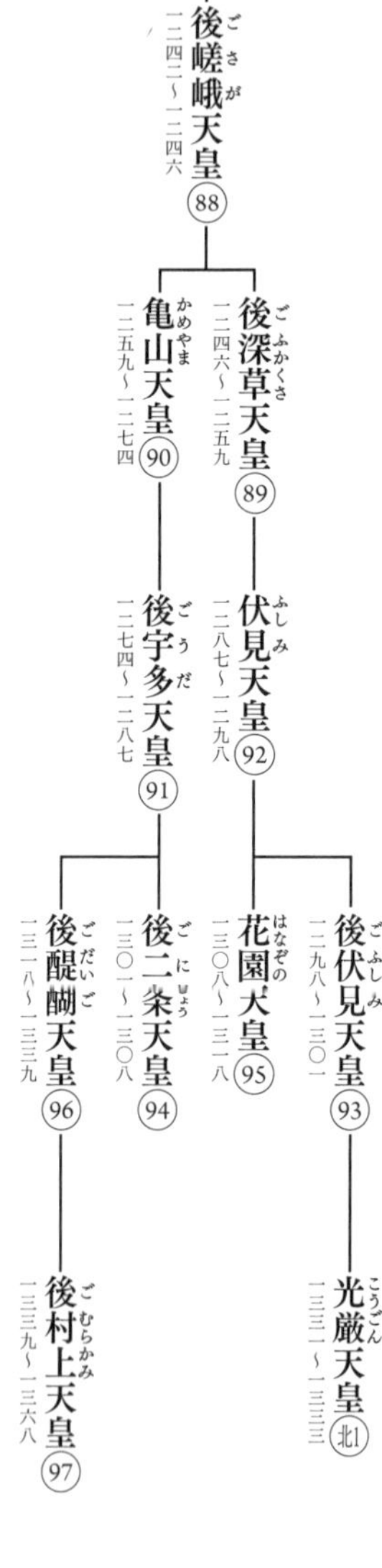

後嵯峨上皇の後継者をめぐり、実の兄弟である第八十九代後深草天皇（持明院統）と第九十

代亀山天皇（大覚寺統）の二派が争い、幕府の仲介で両統迭立が定められる。結果、後深草・亀山の孫の代には、持明院統も大覚寺統も二派に割れていた。これを解決しようとしたのが大覚寺統傍流の後醍醐天皇で、両統迭立の保証人である鎌倉幕府そのものを打倒し皇位を独占しようとした。結果、討幕は成功したが皇位の独占には失敗し、南北朝の動乱を引き起こす。

この間も、皇位の男系継承は守られた。

系図10　第九十三代後伏見天皇～第百代後小松天皇

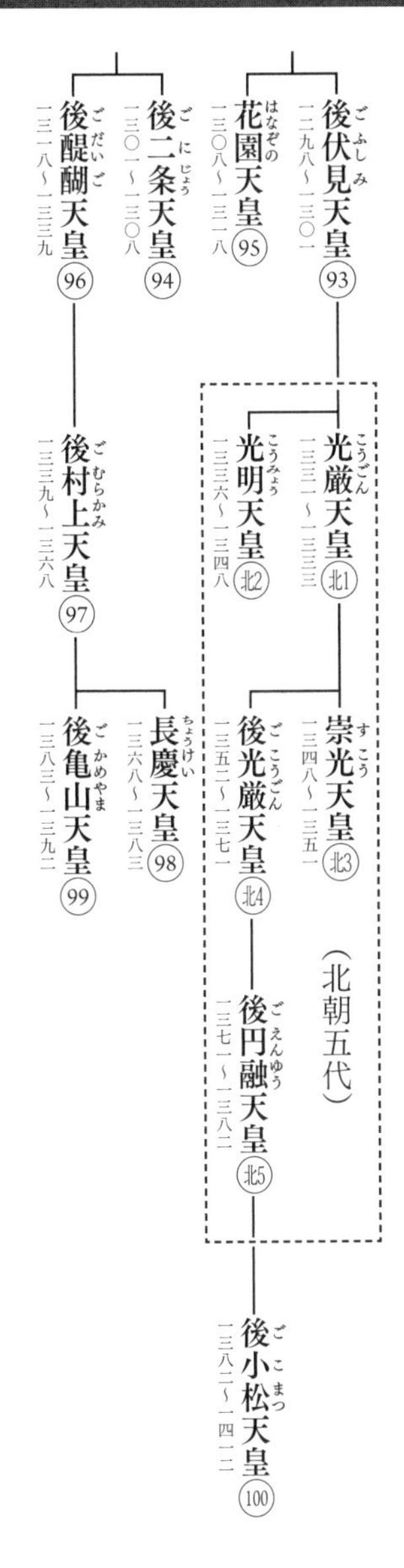

南北朝の動乱は、足利幕府に支えられた北朝（持明院統）が終始優勢だったが、南朝（大覚寺統）も皇位継承の証である三種の神器を擁し、山中ゲリラ戦で頑強に抵抗した。しかし結局は、三種の神器を返還して和議に応じた。

当時、誰もが京都にいる北朝の正統性を疑わなかったが、明治四十四（一九一一）年になり突如として南朝が正統と扱われることとなった（南北朝正閏問題）。

この間も、皇位の男系継承は守られた。

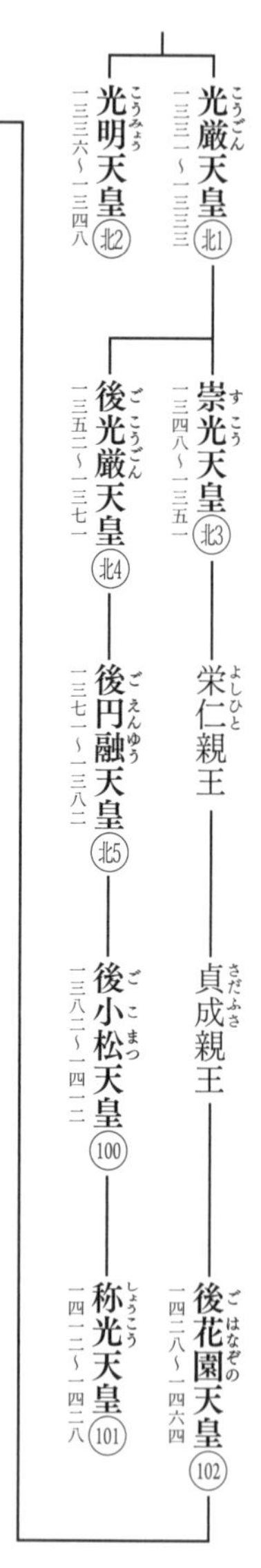

系図11　北朝初代光厳天皇～第百三代後土御門天皇

南北朝の動乱の最中の観応三（一三五二）年に、三上皇と廃太子が同時に拉致される事件が起きた。すなわち、光厳上皇と光明上皇、それに南朝との和睦の条件で廃位された崇光上皇、皇太子の地位にありながら廃された直仁親王が、和睦を破棄した南朝により京都から南朝の本拠地である賀名生に拉致された。

足利幕府は後伏見天皇の女御（にょうご）であった広義門院（西園寺寧子）を「治天の君」に立て、譲国の儀により後光厳天皇を擁立した。三種の神器も欠き、正統性が疑われかねない譲位であった。この際、足利幕府は言うに事欠いて継体天皇の際の「群臣衆議」を先例として持ち出さざるを得ないほどだった。

拉致された崇光上皇は京都に返されたが、皇室の直系は既に後光厳天皇の系統に移っており、ほどなくして失意のうちに崩御する。その子孫は伏見宮家として残った。

時は流れて正長元（一四二八）年、後光厳天皇の系統は第百一代称光天皇で絶え、崇光天皇の曾孫（伏見宮貞成親王の子）である伏見宮彦仁王（第百二代後花園天皇）が継いだ。七十六年ぶりの皇位奪還である。

この間も、皇位の男系継承は守られた。

なお、後花園天皇は、伏見宮家を弟の貞常親王に継がせ、永代親王家とする勅命を発した。令和の現代に話題となる「旧皇族家」はすべて崇光天皇〜栄仁親王〜貞成親王〜貞常親王の子孫である。現在の皇室は崇光天皇〜栄仁親王〜貞成親王〜後花園天皇の子孫であるので、共通の祖は、崇光天皇となる。現在から六百年さかのぼる。

系図12　第百三代後土御門天皇〜第百十二代霊元天皇

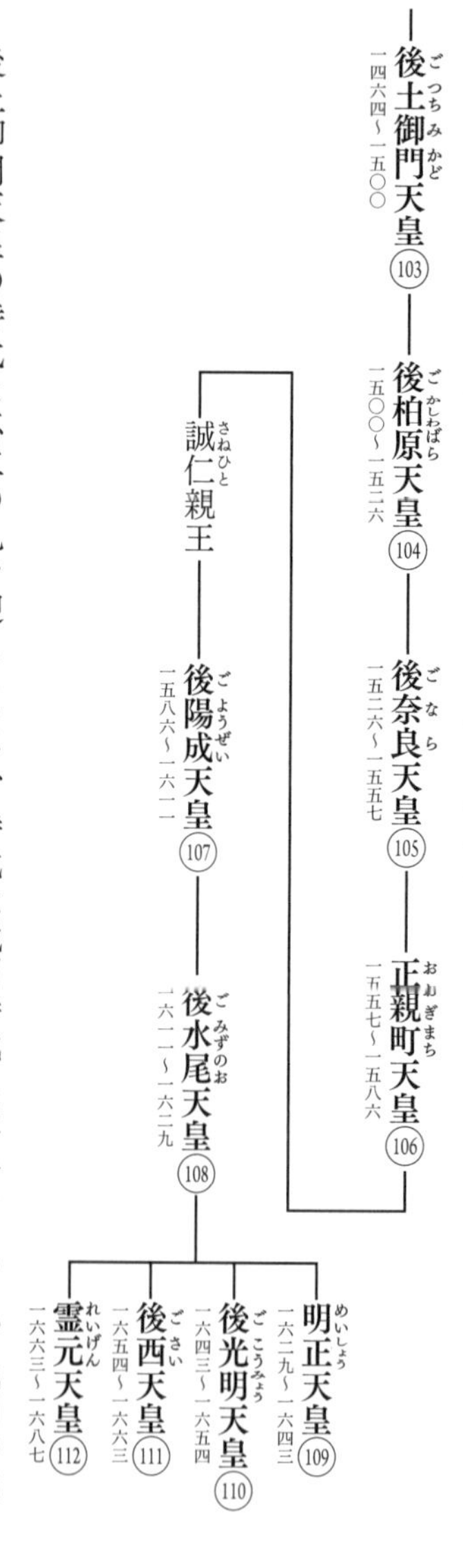

後土御門天皇の時代に応仁の乱を迎えるなど、時代は戦国時代に突入していく。戦国時代の

皇室は儀式を満足に行えなかったが、皇位の男系継承のみならず直系継承も守られた。第百六代正親町天皇が長命で、皇太子の誠仁親王が先に薨去したので、孫の後陽成天皇に譲位された。第百八代後水尾天皇の時代に徳川幕府と激しく角逐し、その際に九百年ぶりに女帝を復活させる（詳細は次項）。明正天皇のみ男系女子だが、その他の天皇は全員が男系男子である。

なお、後水尾上皇は多くの皇子に恵まれたため、兄弟継承が頻繁に行われた。

系図13　第百八代後水尾天皇～第百十九代光格天皇

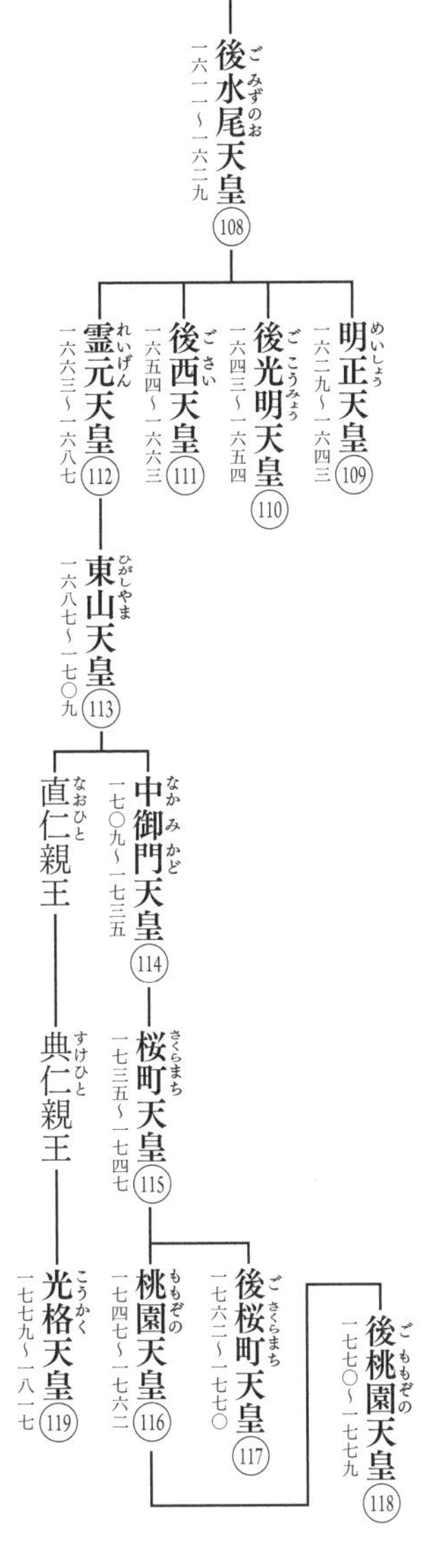

第百十六代桃園天皇は若くして崩御、唯一恵まれた男子英仁親王（後の第百十八代後桃園天皇）が幼少だったので、姉の智子内親王（第百十七代後桜町天皇）が即位した。後桃園天皇も早世したので、当時の皇室の直系は絶えた。

そこで閑院宮家から聡明と評判だった師仁親王を迎え、即位した（第百十九代光格天皇）。傍系継承により、男系継承が守られた。

系図14　第百十九代光格天皇〜悠仁殿下

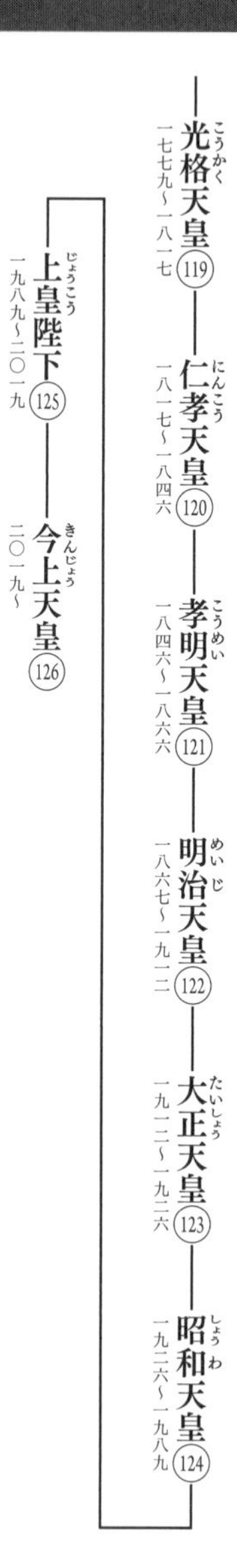

すべて父から男子へと受け継がれている。

以上、悠仁殿下は、神武天皇の伝説以来の皇室、すなわち日本の歴史を受け継がれている。

《女帝》

【八方十代の女帝】

代数	天皇（在位期間）	備考
第33代	推古天皇（五九二～六二八年）	父親は欽明天皇。夫は異母兄の敏達天皇。夫の死後、未亡人として過ごす。先代崇峻天皇の暗殺に際し、黒幕の蘇我馬子が擁立。
第35代	皇極天皇（六四二～六四五年）	父親は茅渟王（ちぬのおおきみ）。父方の祖父は押坂彦人大兄皇子（おしさかのひこひとのおおえのみこ）。父方の曽祖父は敏達天皇。夫は舒明天皇。夫の死後、未亡人として過ごす。皇位継承候補者が多すぎるため、蘇我氏と反蘇我氏の抗争が激化。先代舒明天皇の皇后が即位。
第37代	斉明天皇（六五五～六六一年）	皇極天皇の重祚。先代孝徳天皇と政治の実権を握る中大兄皇子の抗争が激化。天皇崩御により重祚した。
第41代	持統天皇（六九〇～六九七年）	父は天智天皇。夫は天武天皇。夫の死後、未亡人として過ごす。早死にした息子の草壁皇子の系統への中継ぎ。

第43代	元明天皇（七〇七～七一五年）	父は天智天皇。夫は草壁皇子。夫の死後、未亡人として過ごす。先代文武天皇（草壁皇子の次男）が早死にしたため、その子の首皇子（後の聖武天皇）までの中継ぎ。
第44代	元正天皇（七一五～七二四年）	父は草壁皇子。生涯独身。母の元明天皇が高齢のため、首皇子までの中継ぎとして即位。
第46代	孝謙天皇（七四九～七五八年）	父は聖武天皇。生涯独身。聖武天皇と光明皇后（藤原氏出身）の唯一の子として即位。
第48代	称徳天皇（七六四～七七〇年）	先代淳仁天皇が恵美押勝の乱に連座して廃位。孝謙天皇が重祚。晩年に道鏡事件を起こし、単なる民間人に皇位を譲ろうとする。称徳天皇の崩御後、女帝を禁止。
第109代	明正天皇（一六二九～一六四三年）	徳川将軍家の朝廷への容喙に対し、即位。父の後水尾上皇が九百年ぶりに女帝を復活。徳川秀忠（二代将軍、大御所）は女帝の結婚問題で介入しようとしたが、生涯独身で過ごされた。
第117代	後桜町天皇（一七六二～一七七〇年）	父は桜町天皇。皇統断絶の危機に、中継ぎとして即位。生涯独身。光格天皇の相談役として皇統保持に人生を捧げる。

実は「女帝」には、推古天皇の前に、先例がある。伝説の時代に神功皇后という方がおられ、大正時代までは歴代天皇に数えられて神功天皇と呼ばれていた。『日本書紀』は、後世の概念を当てはめて「摂政であった」とし、歴代天皇の事績と同じように記述している。

神功皇后は、第十四代仲哀天皇の皇后で、仲哀天皇が即位九年にして崩御したので、六十九年にわたり統治したと伝わる。神功皇后を歴代天皇に数えるか否かは長く論争があったが、正式に歴代天皇から除外されたのは大正十五年皇室令第六号「皇統譜令」である。これによって、第三十三代の推古天皇が最初の女帝として確定した。つまり、推古天皇には「最初の女帝である」との意識はなかったと思われる。

推古天皇の即位は、当時の宮廷の権力闘争が激化した末に先代の崇峻天皇が暗殺されるという、不吉な大事件による。そのような突発事故の際でも、当時の人々は先例を求めた。

現在の教科書のように「最初の女帝は推古天皇」と習うと、その時々の状況でいかなる新儀も可能であるかのように勘違いしそうだが、皇室には先例という掟がある。「神功天皇」は伝説上の人物であり先例としてふさわしいかに議論があるが、推古天皇の即位はまったくの新儀ではない。

現代において、「女性天皇（女帝）を容認せよ」との議論がある。女帝は先例があるので、絶対に否定しなければならない議論ではない。

問題は、女系天皇である。前表のように、すべての女帝（女性天皇）は、男系女子である。たとえば元正天皇は、母が元明天皇であるので、そこにだけ注目すれば女系天皇である。しかし、父親は草壁皇子であり、父方の祖父は天武天皇。女系であると同時に、男系天皇でもある。いわゆる純粋な女系天皇とは違う。

《五世の孫の原則　その一》

なぜ「五世の孫」の原則ができたのか、そのそもそもは、『古事記』あるいは『日本書紀』の時代、つまり伝説の時代にまでさかのぼる。歴代天皇の皇位継承で最も親等数が大きいのは第二十五代から第二十六代の間だ（四五頁の系図2を参照）。第二十五代武烈天皇が子供を残さずに亡くなったために群臣が皇位継承者をなんとか探し出し、請われて即位したのが第二十六代継体天皇である。十親等離れている。共通の先祖は父親の父親の父親の父親である第十五代応神天皇である。

五世の「世」と「親等」は同じ意味である。応神天皇の、その息子の仁徳天皇から数えて五番目が武烈天皇、同じく息子の稚野毛二派（わかぬけふたまた）皇子から数えて五番目が継体天皇であり、おそらくはこれが前例となって「五世の孫」の原則が確立したと考えられる。その後、天皇は数えないことになり、さらには、五世以内で可能な限り早く皇室から出ていくようにという運用を行った。

奈良時代の長屋王（六八四～七二九年）は第四十代天武天皇の孫であり、きわめて早く皇室から追い出されかけた例の一つとなっている。長屋王は天武天皇の孫であるから親王でも問題なかったが、公式には「王」だった。つまり、長屋王の息子の代にあっては、よほどのことがない限りその子孫は皇室に残れない、ということであり、おそらくは長屋王で終わる予定だったと思われる。皇室は、直系から遠い人たちにはできるだけ早く出ていってもらい、争いがなくなるような運用を行っていたということである。

桓武平氏の祖である平高望は桓武天皇の孫、清和源氏の祖である源経基も清和天皇の孫である。直系から離れた孫の代においては既にそれぞれ遠い関係ではあるにせよ、皇室に限らず高貴な身分の人は記録などに残して、親戚であると認識できるようにしておいた。

中世に入ると、皇位を継承しない皇子は出家をするということが常例となった。

《五世の孫の原則　その二》

「五世の孫の原則」は、男系を絶対としつつ、直系も尊重する伝統から確立した。この原則を明文化したのが、『養老律令』の継嗣令第一条である。

継嗣令第一条（書き下し）

凡そ皇兄弟・皇子は、皆親王と為す。（女帝の子も亦同じ。）
以外は並に諸王と為す。
親王より五世は王の名を得ると雖も、
皇親の限に在らず。

（訳）

天皇陛下の兄弟と息子は、「親王」となる。
（女帝の子供も同じように親王となる。）
それ以外の男の皇族は「王」となる。
親王から五世までは王だけれども、
六世からは王の名前があっても皇族ではない。

ちなみに、それまでは皇族の男子は「生まれながらに親王」だったのを、平安初期の第五十二代嵯峨天皇が法整備して「親王は天皇陛下から宣下してもらうもの」となり、明治の皇室典範で再び、「生まれながらに親王」に戻った（『皇室事典 令和版』KADOKAWA、二〇一九年）

※継嗣令第一条の中で（ ）の部分は、字が小さくなっていて、注釈の扱いである。
この注釈が、女系天皇の根拠と主張する論者がいる（たとえば、平成十七年有識者会議における所功名誉教授）。本当に、そんな解釈が可能なのか？
他の国のように「血をひいていたら何代後でも皇族」ではなく、我が国は五世までが皇族とする掟であり、直系から遠い皇族が増えるのを抑制する法体系となっていた。誰から数えて五世かの解釈の変遷があるが、「天皇陛下から数えて」で定着した。

中世になると、血縁が遠い皇族の男子は子供の時に出家して、子孫を残さないようになった。「五世の孫」の原則は女性も同じ。三世（孫）までは内親王。五世（玄孫）までは女王。ただし、女性の場合は臣下の者と結婚したら、皇族の身分を残すかどうかは別にして、その家の人になる。

その最後の例が、第十四代将軍の徳川家茂に嫁いだ、和宮親子内親王殿下。和宮は結婚後も皇族の身分を保持した。夫の死後は「徳川の未亡人」として、幕末政局に関与した。

皇室の伝統法及び継嗣令は千百年にわたり、以上のように運用された。

これが、「女系天皇」の根拠となりうるか。

考察のために改めて「女系天皇」論をまとめると下記のようになる。

一、女性の皇族は、天皇になれる（女性天皇）。

二、女性天皇の子供は男でも女でも、天皇になれる。

三、女性天皇の配偶者は、天皇皇族でなくていい。

一は、先例があるので問題ない。無理やりやるべきか否かはともかく、できるかどうかだと、できる。

三は、「現代日本にそんな皇族がいないから」が女系天皇論者の主張の根底。そこだけを取り出すと説得力があるように聞こえるが、片一方で「小室圭さんは是非皇族になっていただきたい」と二重基準の主張を行い、それでいて「旧皇族の方々との婚姻」には「皇族にも婚姻の自由がある」として反対するのは理解しかねる。

ただし、ここでは捨象。第四章で詳述する。

問題は、二。

天智天皇の後継者の大友皇子（弘文天皇）を打倒して大海人皇子が天武天皇となって以来、皇位は天武系が独占、天智系は排除される仕儀となった。その天武系の中でも、皇位継承争いがあり、養老律令の前法である大宝律令の制定者は文武天皇（天武天皇の孫）であった。

大宝律令が制定された時点（七〇一年）で、女帝の先例は神功皇后の伝説を除けば、推古天皇、皇極天皇（斉明天皇）、持統天皇のみ。養老律令に改正された時点（七五七年）では、加えて、元明天皇、元正天皇、そして養老律令制定時の天皇である孝謙天皇。孝謙天皇は後に重祚して称徳天皇となる。既述の如く、生涯独身で、側近の道鏡を天皇にしようとすることになるが、そのような未来はこの時点では見えない。

このように当時の時点で明らかな事実を踏まえると、養老律令制定時の女帝はどのような存在か。

推古天皇の夫は、敏達天皇。皇極天皇の夫は、舒明天皇。持統天皇の夫は、天武天皇。三人ともが未亡人である。当然、女帝の子は皇族である。

元明天皇の夫は草壁皇子で、天武天皇と持統天皇（讃良皇后）の息子。讃良皇后は草壁皇子（享年二十七歳）に先立たれ、草壁皇子の息子の軽皇子（後の文武天皇）に継がせようと、自ら即位した。ところが文武天皇も二十五歳で早世。そこで軽皇子の母であり草壁皇子の妻が即位して、元明天皇となる。文武天皇の息子の首皇子（後の聖武天皇）が成長するまでの中継ぎとして期待された。さらに中継ぎとして、文武天皇の姉である、元正天皇が即位。

文武天皇から光仁天皇までの時代を奈良時代と呼ぶが、奈良時代に女帝が連続するのは、持統天皇の「草壁の子孫に皇室の直系を！」という執念が何十年も引き継がれているからである。もし古代日本に女系天皇が許容されているなら、「日本の歴史は何だったかのか」となる。ちなみに持統天皇と元明天皇は天智天皇の娘であり、女系だけを取り出せば天智系は皇室の直系に残っている（四八頁の系図5を参照）。

養老律令制定直前、天武天皇の曾孫である聖武天皇には、娘しか残らず、立太子のちに孝謙天皇として即位させる。余談だが、内親王（娘）を皇太子にしたのは聖武天皇の重大な空前絶後の先例やぶりである。

こうした流れの中で制定されたのが、養老律令の中の継嗣令第一条である。

果たして、孝謙天皇が一般人の男（小室圭氏を想像されたい）と結婚。その子を皇族にし、天皇になる資格を与える。その子が男でも女でもどちらでもよい、などの解釈がどうやって出てくるのか。

当時なので、貴族が皇配として想定されたのだろうが、我が国には「君臣の別」がある。女性の皇族が天皇皇族以外の男性と生んだ子供を「皇族にする」というような解釈が導き出されるとは、とうてい考えにくい。

所名誉教授のような、皇室、特に古代日本史に通暁(つうぎょう)されている方が、この程度の誤読をするとは、考えにくい。明らかに他の意図があったと考えるのが自然である。

《子供が多すぎても皇位継承は不安定になる》

一四六七年に勃発した応仁の乱の当事者を並べる。

東軍　足利義視、細川勝元、畠山政長、斯波義敏、赤松政則、京極持清
西軍　足利義尚、山名宗全、畠山義就、斯波義廉、土岐成頼、大内政弘

この十二人の中で、「百済の聖明王の子孫」を名乗った大内政弘以外は、全員が家系図も明確な清和天皇（八五〇〜八八一年）の男系男子孫だ。この人たちすべてに皇位継承権があれば、間違いなく史実以上の大混乱になったはずである。それをさせなかったのが日本人の知恵だった。

フランスでは十六世紀に、王位継承権をめぐって、国王アンリ三世、カトリック同盟首領の

ギーズ公アンリ、プロテスタント派の指導者アンリ・ド・ナバールの三人の間で三アンリ戦争と呼ばれる対立が起きている。名前は三人ともアンリだが、血の関係で言えばほぼ他人だった。

イギリスの王位継承者の数は正確にはわかっておらず、二〇一一年時点で四千九百七十三人いるというのが定説となっていたが、その後、王室から排除されていたカトリック教徒に王位継承権が認められて五千七百五十三人となったとも言われている。

モンゴル帝国初代皇帝チンギス・ハン（一一六二～一二二七年）の子孫は死の百年後には一万人いたという。そうした人たち全員に継承権があっていいのかというので、日本には先述の五世の孫の原則というものがあったのだ。

《伏見宮家》

現在、「旧皇族家」と呼ばれている十一宮家は、すべて崇光天皇～貞成親王の子孫であり、戦前は「伏見宮系統」と呼ばれた。

前述の如く、南北朝の動乱の中で、北朝も二つに割れた。崇光天皇の系統と後光厳天皇の系統である。皇位は後光厳天皇の系統に継承されたが称光天皇で絶え、崇光系の伏見宮彦仁王（後花園天皇）が継いだ。その後、後花園天皇の勅命により弟の貞常親王に伏見宮家を継がせ、永代親王家（俗に世襲親王家）とした。五世の孫の例外である。伏見宮家を永代親王家とした理由は、戦乱の中で皇族数の現象は「三上皇拉致事件」のように、皇統断絶の危機を招く。このような時代背景が理由だと容易に想像できる。

伏見宮家第十一代・第十二代と御兄弟が次々お亡くなりになられ、断絶の危機があった。その時、鍛冶屋（かじや）の丁稚（でっち）に行っている男の子（当時、安藤長九郎を名乗っていた）を連れ戻し、第十三代伏見宮家当主貞致（さだゆき）親王となって、ことなきを得た。当時の江戸幕府の京都所司代が「これはご落胤（らくいん）に間違いない」と断定した。

ここで、「DNA鑑定もない時代に、真贋（しんがん）が判定できるのか」との疑問が湧くかもしれない。また飛躍して、「旧皇族家と呼ばれる人たちは、鍛冶屋の丁稚の子孫であり、皇族と何の関係もない人たちではないか」との批判の声を聞いたこともある。

その鍛冶屋とは、母方の実家の記録（『伏見宮家実録』）によれば、代々伏見宮家に仕えてきた家で、第十代貞清親王の代に従六位の位をもらい、その後従五位上まで出世している。丁稚に行った鍛冶屋にしても、元は公家が兼業していた刀工の家系である。丹波に養子に出された後、山城国西陣の鍛冶屋の徒弟となって「長九郎」と名乗っていたとのこと（安藤為章『年山紀聞』）。要するに、〝由緒正しい〟鍛冶屋なのである。

また、当時の伏見宮家は、時の治天の君（院政を行える上皇）である後水尾上皇と折り合いが悪かった（熊倉功夫『後水尾天皇』中公文庫、二〇一〇年）。よほどの由緒が明らかな御落胤でなければ、即座に廃絶されてもおかしくない環境だった。

以上のことから、「旧皇族家と呼ばれる人たちは、鍛冶屋の丁稚の子孫であり、皇族と何の関係もない人たちではないか」との批判は当たらないと考える。

ただし、現在の皇室と共通の祖先は六百年前の崇光天皇であり、仮に旧皇族の方々が皇籍取得、そして万が一の際に皇位継承となった場合、史上最も親等が離れた皇位継承となる。

重大な問題であるので、後の章で慎重に検討する。

なお、片一方で「旧皇族の方々は今の皇室の直系から遠く離れている」「このように血縁が遠い皇位継承は先例がない」と批判しながら、もう一方で「女系天皇容認」と称する「雑系天皇」を主張し、「小室圭さんに皇族になってもらおう」「愛子様と配偶者の方々のお子様が天皇になれるように」などと皇室と縁もゆかりもない人を皇族にするなどという先例が一度もないことを声高に主張している二重基準はいかがなものか。

第二章

皇位継承問題とは何か

～皇族が一人もいなくなる危機があった～

「日本の歴史が終わる!」という危機感の中で……

我が国の皇室は、一度も途切れることなく、世襲で続いてきました。絶対に子供が生まれる技術があるわけでもないのに、奇跡のような出来事です。この奇跡を今後も続けていこう、それにはどうすればよいかと考えるのが、この本の目的です。

小泉純一郎内閣の時代には、「このままでは皇族が一人もいなくなる!」との危機感により、有識者会議が召集されました。そして出た結論が「女系天皇容認」です。今まで日本の皇室は一度の例外もなく男系継承を続けてきましたが、「今後は女系も容認しよう」との結論となったのです。

それと時を同じくして、悠仁殿下がお生まれになり、神武天皇の伝説以来の日本の歴史は繋がりました。その結果、「女系容認」は見送られました。これには、当時の安倍晋三官房長官の説得がありました。

ただし、一本の糸で繋がっているにすぎません。極めて不安定な状況です。

では、どこからこの不安定な状況が生まれたのでしょうか。

昭和二十二（一九四七）年十月十四日、十一宮家五十一人（内男子は二十六人）の臣籍降下が行われました。敗戦に伴う皇室財産の縮小で、従来規模の宮家の維持が財政的に不可能とされたのです。その結果、昭和天皇の弟君を当主とする秩父宮家・高松宮家・三笠宮家のみを残し、伏見宮系統の皇族の方々は臣籍降下となったのです。伏見宮系統とは、伏見・閑院・山階（やましな）・北白川・梨本・久邇（くに）・賀陽（かや）・東伏見・朝香・東久邇・竹田の十一宮家です。

昭和天皇は二人の男の子に恵まれ、上皇陛下と常陸宮殿下がご健在です。常陸宮殿下は現在八十七歳となりますが、お子様には恵まれず、常陸宮家の断絶は確定的です。

昭和三十四（一九五九）年に皇太子殿下（現在の上皇陛下）が正田美智子さん（現在の皇太后陛下）とご結婚、翌年に徳仁親王殿下（現在の天皇陛下）、昭和四十（一九六五）年に文仁親王（現在の秋篠宮殿下）と二人の男の子に恵まれました。

しかし、秋篠宮殿下を最後に、皇室の直系にはながらく男の子がお生まれになりませんでした。そして、秩父・高松・三笠の三宮家にもお生まれになりません。

秩父宮家と高松宮家は男の子が生まれず、断絶。三笠宮家には男子がおらず、彬子（あきこ）女王と瑶子女王がご結婚されれば皇室を離脱されることになるので、三笠宮家は途絶えることとなります。

平成二（一九九〇）年に文仁親王と川嶋紀子さんのご結婚があって秋篠宮家が創設され、平成五年に皇太子徳仁親王と小和田雅子さんがご成婚されます。

秋篠宮家では平成三年に眞子内親王、六年に佳子内親王のご誕生がありました。

二十世紀から世紀も変わろうという時期、秋篠宮には眞子内親王、佳子内親王のお二人がいらっしゃったものの男子はおらず、その時点で皇太子徳仁親王におかれてはご自身四十歳、雅子皇太子妃殿下三十七歳の時期でお子様はまだいらっしゃらずにいました。これは皇室が絶えることになるぞ、という危機感はこの頃に高まり始めたのです。

こうした中で平成十三年五月十五日に、雅子皇太子妃殿下のご懐妊が発表されました。お生まれになる子が男子であれば、何も考えなくて良い状況です。しかし、女の子だった場合、どうするのか。

将来、内親王殿下が皇族の方と結婚して生まれたお子さんが天皇になるのであれば何の問題もないのですが、そうした皇族の方が存在しないから、問題なわけです。

同年の十二月一日、愛子内親王が生誕されました。愛子内親王が天皇となること自体は、愛子内親王は男系女子であり、先例がありますから問題はありません。ただし、生涯独身でおられることになります。あるいは、皇族の方以外の一般人と結婚されるとすれば、お子様が生まれても、男子だろうと女子だろうとその子は天皇にはなれません。

このままでは皇室が途絶えてしまうことになる、皇位の女系継承を容認しなければならないのではないか、というのが当時の小泉内閣の危機感でした。これが、女帝のみならず女系を認めなければならないという主張の起きた理由です。

事は、愛子内親王殿下がお生まれになる前、雅子妃殿下がご懐妊中から、進められました。

小泉内閣の福田康夫官房長官が、雅子妃殿下（現在の皇后陛下）がご懐妊中に「解釈改憲」を行いました。憲法第二条で定められた「皇位の世襲」は男系に限ると解釈されてきたのですが、平成十三（二〇〇一）年六月八日の衆議院内閣委員会で、男系および女系の両方の系統を含むものと考える、と答弁したのです。

日本国憲法第二条

皇位は、世襲のものであつて、国会の議決した皇室典範の定めるところにより、これを継承する。

では、皇室典範には、どのように書いてあるでしょうか。

皇室典範第一条
皇位は、皇統に属する男系の男子が、これを継承する。

日本国憲法どころか、大日本帝国憲法以前から、皇位の男系継承は我が国の歴史そのものです。大日本帝国憲法はその歴史の確認をしたにすぎないとの立場です。そして憲法改正により典範改正はできないこととされていました。

大日本帝国憲法第七十四条
皇室典範ノ改正ハ帝国議会ノ議ヲ経ルヲ要セス
皇室典範ヲ以テ此ノ憲法ノ条規ヲ変更スルコトヲ得ス

つまり、一時の多数決で、皇室の伝統をいじってはならないと規定していたのです。同時に、皇室典範が憲法の上にあるわけではないともしました。皇室の家法である皇室典範と国家の最高法である帝国憲法は、対等であり、不可侵である。これを「典憲体制」と言います。

今の憲法二条も帝国憲法の第二条を受け継いでいます。

大日本帝国憲法第二条

皇位ハ皇室典範ノ定ムル所ニ依リ皇男子孫之ヲ継承ス

ここに言う「皇男子孫」とは、帝国憲法と皇室典範を執筆した伊藤博文による解説書である『憲法義解』には、「皇男子孫とは祖宗の皇統に於ける男系の男子を謂う」と明記されています。日本国憲法は大日本帝国憲法以前の歴史を受け継いだ規定となっています。明文で女帝を禁止した内容なのも同じです。

ただし、現行憲法の皇室典範は、憲法と対等ではなく、下位法です。小泉内閣は、女帝を復活するのみならず、史上初めて女系天皇に踏み込むことを宣言したのです。

小泉内閣は平成十六（二〇〇四）年十二月に「皇室典範に関する有識者会議」を設置し、翌年の一月に第一回の会合が開催されました。以降、計十七回の会合が開催され、同十七年十一月に報告書が公表されました。その主眼は「男系男子の皇位継承資格者の不在が懸念される状況となっている現在、女性天皇や女系の天皇について、まさに真剣な検討を行うことが求められていると言わなければならない」との見解が示されました。つまり、女系天皇と女性天皇を両方とも容認して、愛子内親王も天皇になれるし、愛子内親王が一般人と結婚して生まれたお子さんも天皇になれるように皇室典範を改正しようとする話が進んでいました。

なぜ「女系天皇容認論」が飛び出したのか

小泉内閣福田長官の発言は、「日本の歴史に一度も前例がないことをやる」との宣言です。つまり、「日本の歴史を変える」との宣言です。

では、当時の小泉首相や福田長官は「国賊」だったのでしょうか。一部保守派の中には、「小泉・福田は国賊」と吹聴する人がいますが、私は違うと思います。むしろ、小泉首相や福田長官は、「このままでは日本の歴史が終わる。何とかせねば。もはや女系に踏み込むしかない」との想いで猛進したのだと解釈しています。この二人だけでなく、皇室に通暁している立派な先生方の少なからずが、当時は「女系容認」を唱えていました。皇室の伝統を根本的に作り変える「女系天皇容認」という方法論に私は反対しますが、だからといって自分と意見が違う人は全員が国賊とは思いません。

難しいですが、ここはその論理を読み解くべきだと思います。

大前提です。当時の福田康夫官房長官の、「皇位の世襲は男系および女系の両方の系統を含むものと考える」、という答弁は愛子内親王殿下がこの世におられない、まだお生まれになっていない時点での答弁でした。明治二二（一八八九）年に施行された皇室典範では、第一章「皇位継承」の第一条に「大日本國皇位ハ祖宗ノ皇統ニシテ男系ノ男子之ヲ繼承ス」とあり、現行の日本国憲法の下でもこの解釈が受け継がれていて、簡単に確認できるところで、林修三法制局長官（昭和三十四年二月六日衆議院内閣委員会）、宇佐美毅宮内庁長官（昭和三十九年三月十三日衆議院内閣委員会）、そして加藤紘一官房長官（平成四年四月七日参議院内閣委員会）と、揃って「男系継承は伝統」との見解を繰り返してきていました。

しかし、当時の皇太子殿下（今上陛下）、雅子皇太子妃殿下（皇后陛下）にお子様が生まれなければ、次世代の皇族は秋篠宮家の眞子内親王（現・小室眞子さん、当時十歳）と佳子内親王殿下（当時七歳）だけです。男の子が生まれなければ、現行皇室典範では、皇位継承者が一人もいなくなります。そんな時に皇太子妃ご懐妊のニュースです。

時計の針を、皇太子妃ご懐妊発表の、平成十三（二〇〇一）年五月十五日に戻って考えます。この時点では、生まれてくる子が男の子か女の子か、わかりません。仮に男の子が生まれればひと安心。何も考えなくても、皇室の伝統は存続できる（わけではないのですが、話の都合上、次へ）。では、女の子だったら。皇室の伝統に則れば、女帝は先例があるので、皇室典範を改正して、女帝（女性天皇）を容認すれば良い。ただし、女帝の次世代は、どうするのか。

古来、すべての女帝は未亡人か生涯独身です。生涯独身では皇統の糸がそこで切れてしまうので、生涯独身はありえない。では、配偶者はどのような方となるか。本来ならば、天皇か皇族と結婚すれば、その子は皇族となるのが皇室の掟です。しかし、そのような方はいない。そこで、もし生まれてくる子が女の子ならば、民間人と結婚し、女帝と民間人の男子の間に生まれてくる子が天皇になれるようにしようとするのが、「女系天皇容認」です。

こうして、女系論が飛び出しました。

この議論に大きな影響を与えたのが高橋紘・所功『皇位継承』（文藝春秋、一九九八年）という新書でした。宣伝用の帯には、「このままゆけばやがて皇位継承者がいなくなる日が来る？」と書かれていました。

高橋氏は共同通信出身で静岡福祉大学教授、専門は近代史。所氏は京都産業大学教授で、専門は古代史。専門は違えど、皇室史に通暁されている専門家です。その二人が「女系天皇容認」を打ち出しました。他に古代史の権威の田中卓皇學館大学名誉教授、行政史の笠原英彦慶應大学教授、神道学者の高森明勅氏などが、次々と「女系天皇容認」を打ち出します。

特に、田中名誉教授は戦前に「皇国史観」の祖とされた平泉澄の正統後継者と目されただけに、いわゆる保守層にも衝撃を与えました。

高橋氏と所氏がおっしゃっていることは、事実としてはその通りでした。当時、秋篠宮殿下を最後に男子の誕生がなく、皇室の直系男子としては今上陛下が皇太子殿下としておられ、秋篠宮殿下とのお二人だけでした。秋篠宮家には眞子内親王殿下と佳子内親王殿下の二人のお子様がいらっしゃいましたが、もちろん現行の皇室典範では皇位は継げません。次世代としては皇室の直系に女子がお二人いるだけであり、このままでは秋篠宮殿下で皇位継承が止まってしまうという状況でした。

次世代に皇族が一人もいなくなれば誰も天皇になれないので女帝を認めなければなりません。また、女帝を認めたところで、配偶者が皇族でなければその子は天皇にはなれないなどといえば、そこで皇室は終わりになります。

事実、外国には例があります。一例を挙げます。

ハワイ王国は、カメハメハ大王の男系男子孫が絶え、リリウオカラニ女王が継ぎました。ところが、ハワイ王国はリリウオカラニ女王の時代に、アメリカに滅ぼされてしまいます。もっとも、リリウオカラニの夫はアメリカ人で、子供がいませんでしたから、ハワイ王朝の命脈はいずれにしても尽きかけていたのです。

ちなみに、女王の兄であり先代国王のカラカウアは日本を訪問、明治天皇に姪のカイウラニ王女と山階宮の結婚を要請、王家を存続させようとしました。この時は日本政府が断りました。世襲である君主の地位を、女系で繋ぐということは君主は「外国人でも良い」「一般人でも良い」との悲壮感の現れなのです。ただし、当人たちの悲壮感に比して、正当性を疑われるのが常なのですが……。

次は正当性を疑われた例です。

一七四〇年から四八年にかけて起きたオーストリア継承戦争の勃発要因は、皇位の女系継承でした。オーストリアのハプスブルク家は、代々、神聖ローマ帝国の皇位を継承してきました。しかし、カール六世には女の子しかいませんでした。マリア・テレジアです。カールはマリアにハプスブルク家を継がせるべく画策。娘の夫であるフランツ一世に帝位を継がせ、マリアを共同統治者にしました。周囲からは実質的な「女帝」と目されました。

ところがカールの死後、周辺諸国はマリア・テレジアの相続を認めず、当時の西欧の大国であるイギリス・フランス・プロイセンを巻き込んだ大戦争に突入します。実際は、フランスに後押しされたプロイセンが因縁をつけた侵攻戦争なのですが、「女帝・女系の継承には正当性がない」は侵攻の大義名分になりえたのです。事実、フランス、プロイセン、スペイン、ドイツ諸侯は、これを侵攻の大義名分としました。

さて、究極の選択です。

男系継承ができないから、皇室を終わらせるのか。それとも、得体（えたい）の知れない女系継承であっても（ハワイ王朝がやろうとしたように）、皇室を残すのか。

ここで、「旧皇族の皇籍取得という方法がある」との反論も出されたのですが、女系容認論者からは一蹴(いっしゅう)されました。

第一章補講で詳述していますが、ここでは要旨を簡単にまとめます。

いわゆる敗戦直後に臣籍降下を余儀なくされた「旧皇族」とは、戦前は「伏見宮系統」と呼ばれた十一宮家のことです。全員が南北朝時代の崇光天皇（一三三四～一三九八年）を共通の祖としています。直系に残らない皇族は本来ならば五世以内に皇室を去らねばならないのですが、後花園天皇（一四一九～一四七一年）の特旨により例外の永代親王家とされました。五世どころか、約三十世というもので皇室とはあまりにも血縁が離れています。

それ以前の最も親等が離れた皇位継承は、第二十五代武烈天皇から第二十六代継体天皇の十親等ですから、これははるかに超える先例やぶりです。この例にあるように生まれてくる子供が女性であっても、現在の皇室の直系に近い方に皇位を継いでもらうべきではないのか。

これが女系容認論の根拠です。

私はこの意見に大反対なのですが、女系容認論の中身、そしてどういうつもりでそんなことを言い出したのかをわかっていただくためにご紹介しました。

こうした「女系容認論」に後押しされて、小泉内閣による「解釈改憲」が出てくるのです。そして、憲法改正は、現実問題として不可能です。だから憲法改正を要しない、解釈改憲による皇室典範改正という手段を取ったのです。

以上の話はあくまでもこの世に悠仁殿下がおられない時の議論であることに、留意してください。

もっとも、悠仁殿下ご誕生後しばらくは、小泉首相は「愛子様とご主人の間のお子様が天皇になれなくていいんですか」と言っていたほどでした。尊皇の熱意はあるが無理解だったと評するのが適切でしょう。

国体護持に命をかけて尽くされた国母さま

事実として、小泉内閣で「女系容認論」は優勢でした。平成十六（二〇〇四）年に政府が召集した有識者会議では、女系容認論者が集められ、平成十七年の最終報告書でも「女系容認」の答申が出ることとなります。

そのような状況の中で、悠仁殿下のご誕生となったのです。そして、秋篠宮殿下ご夫妻の悲壮な決意が読み取れます。

平成十八（二〇〇六）年正月の宮中歌会始において、秋篠宮ご夫妻は御二人揃って「こふのとり」の歌を詠まれました。言うまでもなく、コウノトリは子供を運んでくるとの言い伝えがある鳥です。

その一か月半後の二月二十四日、宮内庁が、秋篠宮妃殿下が妊娠三か月であることを公式に発表します。

初産ではないとはいえ、年齢のことを考えれば、相当なご覚悟で出産を決意されたはずです。そして九月六日の朝、帝王切開で男子を出産されました。悠仁親王殿下です。

ここに、日本の歴史が変わる危機は止められました。どちらにしても日本の歴史が変わってしまう「皇室が途絶えることを選ぶのか、中身を変えてでも天皇を残すのか」という究極の選択をしなくてもよくなったのです。

Ｙａｈｏｏ！コメント欄で秋篠宮妃殿下を好き勝手に叩いている連中、心ない女性週刊誌などの記事は、「国体護持に命をかけて尽くしてくださった国母様を何と心得おるか」としか言いようがありません。

いわゆる女系天皇容認論は、皇室典範に関する有識者会議の報告書にある通り、「男系男子の皇位継承資格者の不在」という危機感から出たものです。したがって、悠仁親王殿下がお生まれになってこの世におわす限り、必要のない議論です。

ただし、悠仁親王殿下がお一人で神武天皇の伝説以来の歴史を背負っているという状況はまったく変わりませんから、何もしなくていいわけではないのです。

悠仁殿下はお命をも狙われている！

「はじめに」でも書きましたが、繰り返します。

今後、悠仁殿下がご無事に成長、ご結婚され、男の子が生まれ、その子が皇位を継ぐ。もしそうなれば、本当に何も考えなくてよいでしょう。しかし、「御成長～お妃探し～お世継ぎづくり」と、当たり前のことを当たり前に行うのは誰の人生にとっても当たり前ではないのです。

既に、悠仁殿下のお命を狙う不逞（ふてい）の輩（やから）は、現れています。平成三十一（二〇一九）年四月二十六日、悠仁殿下がお通いになるお茶の水女子大付属中学校の、殿下の机の上にピンクの包丁が置かれていました。幸いなことに殿下は教室にいませんでしたが、犯人は「殺すつもりだった」と供述しています。

皇室の歴史に少し詳しい者からしたら、これは「即位を辞退せよ」との脅しに聞こえます。藤原氏は摂関政治で皇室以上の権力を誇りましたが、それは気に入らない天皇や皇族を排除してきたから可能だったのです。藤原氏の他氏排斥は学校で習いますが、皇室への圧迫はほとんど知られていません。藤原氏は気に入らない天皇を退位させたり、皇族に即位を辞退させたりするために、「ピンクの包丁事件」のようなことを、何百年もやってきたのです。

藤原氏の時代は皇族がたくさんいたので、その中で勝ち抜くための権力闘争でした。皇族が多すぎても、皇統保持の危機があるのです。

逆に今は皇族が少なすぎて、皇統保持の危機なのです。悠仁殿下の身に何かあれば、その時点で小泉内閣の時点に逆戻りなのです。そうなったら取り返しがつかないかもしれません。

悠仁殿下は平成二十八（二〇一六）年十一月二十日、交通事故にも遭っていらっしゃいます。秋篠宮家は、いまだに警護が他の皇族と同じで、皇太子の処遇になっていません。これはすべてに優先して改善すべきでしょう。

お妃探しにしても、「皇族相手ならどうせ名誉毀損裁判に訴えられないので、やりたい放題」のバッシングが日常化しています。相当のご覚悟がある方でないと、名乗りを上げてくれないでしょう。皇族になった瞬間、国民としての権利をなくして義務だけになるのですから。皇族は個人的に名誉毀損の訴えを起こすことができません。刑法第二三二条で、「天皇・皇后・太皇太后・皇太后・皇嗣に対する名誉毀損や侮辱の罪は、内閣総理大臣が代わって告訴する」と定められています。一君万民の建前で、「お前だけは許さない」という態度は皇族には許されていないのです。実際には、一件も裁判が起こされたことはなく、すべて泣き寝入りです。

そして、お世継ぎづくりです。

皇位継承者の数の不足の背景には、皇族の方々のご公務が忙しすぎる、ということがあります。宮内庁のホームページに掲載されている皇室の活動日程を見ると、どれほどに忙しい日々を送られているかがわかります。

女系天皇容認論者として知られる皇室研究者の高森明勅氏は著書『「女性天皇」の成立』（幻冬舎、二〇二一年）の中で、『皇族減少に伴う公務の負担軽減策』など誰も求めていない」と言い切っています。高森氏は善意でおっしゃっているのでしょうが、この状況でご公務軽減をしなければどうなるか。

確かに「天皇陛下や皇族の方々に来ていただきたい人が大勢いるのだからご公務を減らすことはできない、天皇や皇族がいらっしゃるのを国民は喜んでいるのだからそうした状況を安易に減らすような真似はすべきではない」と言われれば、ごもっともです。そこだけ聞けば、と言うしかありません。しかし皇室においては、お世継ぎづくりが最優先です。ご公務などはお世継ぎづくりの後でいいのではないでしょうか。「ご公務が忙しくてお世継ぎが生まれない」など、本末転倒です。悠仁殿下には、最小限のご公務以外は削っていただかなければ困ります。いっそ学校など行かずにいち早くご結婚いただくことが何よりに優先事項ではないでしょうか。もう一つ。「悠仁親王殿下は留学されると良い」と言う人は、わかっていないか偽善者だと私は断じます。

今上陛下は昭和五十八（一九八三）年から二年間、英国のオックスフォード大学に留学していました。一人暮らしをしていて自由を満喫していたらしいことは、ご自身のエッセイ集『テムズとともに――英国の二年間――』（学習院教養新書、一九九三年）にもお書きになっている通りです。しかし、これは、弟君の文仁親王殿下（現在の秋篠宮殿下）がいらっしゃったからできたことです。

今の状況で悠仁親王殿下に何かあれば、誰がどのように責任を取るのでしょうか。事が大きすぎて、誰も責任など取れないのです。

皇室には、何度も「途切れてしまうのではないか」との危機がありました。それは今も続いているのです。むしろ、絶対に子供が生まれる技術がない以上、「これをやっておけば安心」という方法はないのであって、常に緊張感を持っていなければならないのです。

この努力を続ける意思を持つことから、具体的にどうすべきかが始まります。

有識者会議でどのような議論がなされたか

ここまで、皇位継承問題とは日本の歴史を続けるか否かの問題であること。このままでは皇室が終わってしまうとの危機感の中で「女系天皇容認論」が登場したことを見てきました。

そして今に至るまで、政府は四回の有識者会議を開いています。

内閣・召集年	会議名（諮問内容）
小泉内閣・平成16年	皇室典範に関する有識者会議（女系容認）
野田内閣・平成24年	皇室制度に関する有識者ヒアリング（女性宮家）
安倍内閣・平成28年	天皇の公務の負担軽減等に関する有識者会議（御譲位）
菅内閣・令和3年	「天皇の退位等に関する皇室典範特例法案に対する附帯決議」に関する有識者会議（皇位継承）

平成十六（二〇〇四）年会議は、悠仁殿下ご生誕もあり、安倍官房長官が小泉首相を説得して、女系天皇容認は見送られました。

平成二十四年会議では、女性宮家の是非が諮問（しもん）されましたが、野田佳彦内閣が民主党政権で既に弱体化していたこともあり、話をまとめられませんでした。

平成二十八年会議は、天皇陛下の「ビデオメッセージ」を契機に天皇の公務の負担軽減等に関し、有識者会議を招集。お役所言葉で「等」があれば重要、という法則があるのですが、その「等」の中身が御譲位でした。国民の九割が御譲位を支持していた環境もあり、無事実現。日本共産党も含めた全会派一致で皇室典範特例法が通過しました。

その際、平成二十九年六月一日衆議院議院運営委員会及び同七日参議院天皇の退位等に関する皇室典範特例法案特別委員会において、「『安定的な皇位継承を確保するための諸課題、女性宮家の創設等』について、政府は検討を行い、その結果を国会に報告する」との附帯決議が行われました。

安倍内閣の間は約束が果たされず、菅義偉内閣になって、「天皇の退位等に関する皇室典範特例法案に対する附帯決議」に関する有識者会議が召集されました。全十三回の会議が行われ、令和三（二〇二一）年十二月二十二日に報告書を岸田文雄首相に提出しました。

一般に菅前首相は「皇室に関心があるのか」と言われることが多いのですが、それは明らかな誤解です。

以下、事実上は菅内閣でまとめられた会議の様子を追います。

会議の全体像

同会議では、次の項目のヒアリングが参加者に対して行われました。

問1. 天皇の役割や活動についてどのように考えるか。
問2. 皇族の役割や活動についてどのように考えるか。
問3. 皇族数の減少についてどのように考えるか。
問4. 皇統に属する男系の男子である皇族のみが皇位継承資格を有し、女性皇族は婚姻に伴い皇族の身分を離れることとしている現行制度の意義をどのように考えるか。
問5. 内親王・女王に皇位継承資格を認めることについてはどのように考えるか。その場合、皇位継承順位についてはどのように考えるか。
問6. 皇位継承資格を女系に拡大することについてはどのように考えるか。その場合、皇位継承順位についてはどのように考えるか。
問7. 内親王・女王が婚姻後も皇族の身分を保持することについてはどのように考えるか。その場合、配偶者や生まれてくる子を皇族とすることについてはどのように考えるか。
問8. 婚姻により皇族の身分を離れた元女性皇族が皇室の活動を支援することについてはどのように考えるか。
問9. 皇統に属する男系の男子を下記①又は②により皇族とすることについてはどのように考

えるか。

その場合、皇位継承順位についてはどのように考えるか。

①現行の皇室典範により皇族には認められていない養子縁組を可能とすること。

②皇統に属する男系の男子を現在の皇族と別に新たに皇族とすること。

問10．安定的な皇位継承を確保するための方策や、皇族数の減少に係る対応方策として、そのほかにどのようなものが考えられるか。

中でも重要なのは問6の「皇位継承の女系拡大」に関する質問、そして問9の「旧皇族の皇籍復帰」に関する質問です。参加者の回答をまとめると次のようになります。

有識者ヒアリング対象者（職業）	皇位継承の女系拡大	旧皇族の皇籍復帰
岩井　克己（ジャーナリスト）	反対	反対
笠原　英彦（歴史学者）	反対	制度そのものには賛成
櫻井　よしこ（ジャーナリスト）	反対	賛成
新田　均（神道学者）	反対	賛成
八木　秀次（憲法学者）	反対	賛成

今谷　明（歴史学者）	反対	賛成
所　功（歴史学者）	反対	条件付き賛成
古川　隆久（歴史学者）	賛成	反対
本郷　恵子（歴史学者）	賛成	反対
岡部　喜代子（元最高裁判事）	反対	反対
大石　眞（憲法学者）	賛成	反対
宍戸　常寿（憲法学者）	賛成	反対
百地　章（憲法学者）	反対	賛成
君塚　直隆（歴史学者）	賛成	反対
曽根　香奈子（ＪＣ顧問）	反対	賛成
橋本　有生（民法学者）	賛成	反対
都倉　武之（歴史学者）	賛成	反対
綿矢　りさ（作家）	反対	賛成
半井　小絵（気象予報士）	反対	賛成
里中　満智子（漫画家）	反対	賛成
松本　久史（神道学者）	反対	賛成
	賛成7　反対14	賛成12　反対9

私は会議が開かれる日にちを抑え、当日の議事次第（要約）と後日の議事録を熟読、内容をリアルタイムで追いかけていました。

この賛成・反対は、話の中身が基本的に難解なので、ご本人からは異論が出るかもしれません。事実、マスコミ報道では誤報だらけでした。要するに、「まさかこの人がこんなことを言うはずがない」ということも、不勉強なマスコミの方には誤解して伝わってしまうのです。もっとも、伝えたマスコミの方を不勉強と一刀両断するのは気の毒な面もあります。そもそもの話が難解なので、誤解しても仕方がない面もあるのです。

以下、ヒアリング回ごとに解説していきます。

第一回ヒアリング（令和三年四月八日）

岩井克己氏は、朝日新聞出身のジャーナリストですから女系論の人ではあるのですが、「今、女系論を言うとまずいのではないか、とはいえ旧皇族の皇籍取得にも問題がある」という立場です。「悠仁殿下がおられるのに内親王が継承権を持たれるのはいかがか」ということを言っているわけです。皇位継承の女系拡大と旧皇族の皇籍復帰し、両方に反対というのは、悠仁親王殿下に男子が生まれ、その男子にも男子が生まれ、ということになるのであれば、先送り的に最も正しいという結果になります。

歯切れが悪い書き方で恐縮ですが、議事録を三回読んで無理やり読み解きました。女系に反対、旧皇族の皇籍取得にも反対と判断しました。

笠原英彦氏は、極めて博学の、女系論を採っていた歴史学者です。ただし今は、皇位継承の女系拡大は現在のところは反対、旧皇族の皇籍復帰は制度そのものには賛成、とかなり微妙な言い回しをしています。

悠仁親王殿下がおられる今、女系に拡大して皇位継承権を取り上げるのはいかがなものかということです。悠仁親王殿下がおられない時には女系拡大に賛成していたけれども、今はおられるから反対ということになります。

旧皇族の皇籍復帰は制度そのものには賛成というのは、「悠仁親王殿下を支える旧皇族の皇籍取得ができるのであればやっていいけれども、どうやってやるのか?」ということです。笠原氏はヒアリングの回答補足として「将来はともかく、現在のところ歴史上に先例のない皇位継承資格の女系への拡大は見送るべきであろう」と言っていますが、当初は「先例がないことをやれ」と言っていたのに、これはどういうことだ、という疑問は残ります。

笠原氏は続いて「しかし憲法第2条の『世襲』が充足される限り、悪しき先例主義に陥ることなく、女系拡大についても今後の検討課題とすべきであろう」と言っています。検討するのはいいけれども、ということなのですが、これはつまり、「悠仁親王殿下がおられなくなったような状況の時に絶対にだめだと言えるのか」という議論です。

また笠原氏は、「確かに男系で継承してきたということも伝統ではあるが、それ以前に、天皇との血筋の近さということの重要性が強調されるべきであろう」というかなり難しい話もしています。憲法に皇位は世襲とあり、その解釈である皇室典範の第一条にある通り皇統に属するに男系の男子で男系継承してきたことは伝統であるけれども、天皇の直系に遠いところでやっていいのか、という問題です。

本書をここまで読んでこられて、ようやく理解できるのではないでしょうか。

私はよく、「先例、男系、直系」と言います。先例にないことをやるのは原則としてだめです。先例の中で絶対的に守られてきたものが男系であり、その中にあって直系というものも大事にされてきました。したがって、女系はだめだと言うけれど、ならば直系を完全に無視した旧皇族の皇籍取得というものには問題はないのか、という議論となるわけです。これはかなり難しい話です。単純保守と呼ばれる人たちが女系論者になかなか勝てない理由も、この難しい議論についていけないところにあります。

皇室史を知悉（ちしつ）した上で、「今は悠仁殿下がおわすので女系論は不可」「旧皇族の皇籍取得も単純にバラ色のプランではない」「もし悠仁殿下に不吉な事態が起きた時のことも考えねばならない」とおっしゃっています。

ジャーナリストの櫻井よしこ氏は単純保守を代表するお一人ということになるでしょう。皇位継承の女系拡大は先例がないから不可。旧皇族の皇籍復帰は先例があるから可、としています。これは、旧皇族家と言われる人たちは約六百年前の崇光天皇を先祖としており、皇族ということでなければ親戚だとは絶対に認識できないぐらい遠く離れている。そのことを問題としています。千四百年前の話をもってきて良しとする議論をしている、ということです。

結論だけは私も賛成ですが、その根拠を問われた時に薄弱ではない説明ができるか否かです。

新田均氏は神道学者であり、有識者会議では「皇祖の祭り主であり、日本国家の祭り主」という側面をかなり強調しました。重要なのは祭祀の主であるというのはおっしゃる通りです。

新田氏はまた、「全人類約三十八億六千七百万人の男性のうち、皇位継承権を持っているのは、秋篠宮殿下、悠仁殿下、常陸宮殿下のお三方だけである」という言い方で女性差別ではないかとの議論に反論しています。男性がそんな状況である一方、約三十七億二百五十万人の女性には誰でも結婚によって皇族になることができる特権が与えられている、これのどこが女性差別なのか、ということです。

先例を積み重ねて伝統となっている中、男系継承はジェンダー平等に反するからやめろという議論はこの数字に対してどうやって反論するのか。皇統二千六百年の歴史のうちの、近代以降のたかだか百五十年ほどの間にできた概念で考えようとするのは無理があるだろう。新田氏はそう言っているわけです。

八木秀次氏は有識者会議の皆勤賞の人で過去三回の有識者会議では『正論』という雑誌に寄せている原稿のような話をしていましたが、四回目ではまったく違い、歴代天皇について徹底的に先例を論じていました。本筋とまったく関係ない話のはずですが、「崇神天皇が実質上の初代天皇である」などといったことまで言っています。内閣官房のウェブサイトに掲載されていますが、宮内庁が作成した天皇の系図にマーカーの手書きで、この天皇が正統である、と書き入れた八木氏の説明資料があります。

歴代天皇は、全員が正統です。

明治四十四（一九一一）年に南北朝を対等とした国定教科書の記述が問題化して読売新聞がそれを非難する記事を掲載、南朝と北朝のどちらを正統とするか帝国議会で問題化した南北朝正閏論という論争があったのを思い出しますが、これにはその時点の政府が決めて良いのかとの疑問もあります。

なぜ八木氏に決める権利があるのか疑問ですが。こういうことをやる人間をなぜ政府は有識者として呼び続けるのか、大いに疑問の残るところです。

ちなみに南北朝正閏論争で正式の代数から外された北朝の天皇は、「偽」でも「異端」でもなく、「閏」です。閏とは閏年のように、正統ではないけれども偽物ではないという意味です。明治天皇は、北朝の天皇陛下（明治天皇にとっては直系のご先祖様に当たる）が正式代数から外されるにあたり、「祭祀は歴代天皇と同じように」との条件をつけられました。

第二回ヒアリング（令和三年四月二十一日）

今谷明氏は、日本中世史の大御所です。著書『象徴天皇の発見』（文藝春秋、一九九九年）には、象徴天皇とはすでに中世には同様の仕組みがあって昭和で復活したものだという解釈をなされています。ご本人からお聞きした話ですが、歴史小説家として著名な永井路子氏と対談した時に、それは平安時代からそうであり、嵯峨天皇（在位八〇九～八二三年）から百年ほどをかけて今の象徴天皇の原型が作られた、との話を伺ったということです。

桓武天皇（在位七八一～八〇六年）までは実際に権力を握ることが前提の天皇ばかりでした。奈良時代の天皇は病弱でない限り最高権力者でした。そうした天皇は桓武天皇が最後です。

整理すると、古代の蘇我氏が強かった時代は単なる傀儡（かいらい）であり、奈良時代には、道鏡（七〇〇～七七二年）であろうが恵美押勝（えみのおしかつ）（七〇六～七六四年）であろうが、天皇を凌駕する権力は持っていませんでした。摂関政治を確立した藤原氏も、権力を握ったのは平安時代からであって、奈良時代は何とか生き残っていただけという人たちでした。権力を握ってはすぐに失脚を繰り返していたのです。

今谷氏には、二〇二一年七月の「今谷明 国際日本文化研究センター名誉教授に『天皇の退位等に関する皇室典範特例法案に対する附帯決議』に関する有識者会議」についてお話を伺いました」の回をはじめ、私の主宰するＹｏｕｔｕｂｅチャンネル「チャンネルくらら」に幾度かご出演いただいています。その中で今谷氏は、「先例を杓子定規にそのままやるのではなくて、先例に准じる形でやっていくのが皇室。たとえば摂政というものは古代からあり、聖徳太子以降定着していて、それなりに何かの時に置かれた。平安時代になると常時置かれるようになり、前官礼遇として関白が始まり、摂政に准じる形となった。そうして関白が先例としてでき上がると、天皇が幼年の時には摂政だったものが成人したら関白となり、次に幼年の天皇が即位すれば摂政としてそのまま残る、という摂関政治ができ上がっていく。先例を杓子定規にやるのではなく、完全無視するのでもなく、准じる形で柔軟にやってきたので皇室は残ることができた。独裁的権力を前提とする古代の天皇を経て、嵯峨天皇から百年をかけて今の立憲君主象徴天皇の原型が整った」ということをおっしゃっています。

笠原氏などの議論は、結局は、悠仁親王殿下がいない時代においては先例がなくてもやるしかなかろうということがあり、天智天皇は女系であるといった強引な先例をはじめ、先例にならない先例を無理やり持ってくるしかなかろう、といった議論なわけです。

今谷氏はしばしば女系容認のように言われますが、それは事実誤認です。今谷氏が主張しているのは、悠仁親王殿下が七十歳の時に男子のお子様がいらっしゃらないという時に及んで女系を容認しますかなどという議論を始めたところで意味がない、今のうちに議論しておかなければだめである、ということです。旧皇族の皇籍取得に関しては、三十何世離れている伏見宮系統の人は今の皇室から直系としてはとてつもなく離れているから、ハイそうですか、と簡単に認めていい話ではない。ただし、伏見宮家には永代宮家として認められた実績があり、明治の皇室典範で皇族に入れられ、永代宮家としての立場を確立していった経歴があるから他の宮家とは違っている。悠仁親王殿下がご成人されてから本当に男の子が生まれなかった時にはどうにもならないから今から考えておかなければならない。今谷氏は、このような、きわめて難しい話を有識者会議で発言されているわけです。

今谷氏は、質疑応答で「男系継承が皇位継承の正統性と言われていますが？」と尋ねられ、「私ごとき知識の者ではとても簡単に結論を出せない難しい問題である」と答えています。また、閑院宮家を創立した新井白石の功績に触れ、「皇位継承の問題を七十年もほったらかしにしていた政治家はどう責任をとるのか」という言葉も残しています。背筋がピンとなるような話です。

女系容認論者だった所功氏は、今回は皇位継承の女系拡大に反対しています。旧皇族の皇籍復帰に関しては条件付き賛成です。男系男子優先で女系までは認めてくれというのは、先例があるのでその通りです。旧皇族の皇籍復帰は、適任者がおられるのであればやってもいいいんじゃないですか、ということです。適任者としては、マスコミを嫌って表に出ない方々も含め、東久邇家、東久邇分家、賀陽家、竹田本家の四家ほどに幾人かいらっしゃるようです。

所氏は、「皇位継承の資格は、天照大神(あまてらすおおみかみ)を皇祖と仰ぎ神武天皇を皇宗と伝える子孫のうち、皇族の身分にあることが本質的な要件であり、生物的な男女別は派生的な要素とみられる」「今の段階で女系にまで拡大すれば不安や混乱を招くおそれがある」とも発言しています。つまり、女神の天照大神が皇祖なのだから男系である理由はどこにもない、ということなのですが、古代史家として神代編と人代編を一緒にしてしまって良いのか、非常に疑問です。

所氏の発言は、良いように解釈すれば、過去、悠仁親王殿下がいない時に女系容認を言っていたからこう言わざるを得なかった、というふうにも読めます。適任者がいるのであれば旧皇族の皇籍復帰もありえると留保している回答には、適任者がいるのであれば内々に検討されたらいいでしょう、お手並み拝見、といったところでしょうか。

ただし、所氏の発言はそれなりに筋が通っています。悠仁親王殿下がおられる以上、二代先までは大丈夫なのだけれども、その先のことを考えなくて良いのか。妃探しはいつから始めるのか。悠仁親王殿下の次のことを今から考えておかなくて大丈夫なのかということです。

笠原氏の議論とも一致しますし、評価こそ異なれ、根本は男系尊重の議論を踏まえた上での女系論なので、傾聴に値します。

それに対して、古川隆久氏は私が学生の頃には「日本近代史の良心」と見ていましたが、議論が乱雑で猪突猛進の印象です。

古川氏は、皇位継承の女系拡大には単純に賛成しています。旧皇族の皇籍復帰は反対です。先例のない女系容認に賛成であるにもかかわらず、旧皇族の皇籍復帰は先例が少ないことを理由に反対しています。この二重基準の説明はどこにもありません。

古川氏は「江戸時代までは法令上は女系天皇も認められている」と述べています。これは、養老令（七五七年施行）第十三番の継嗣令のことです。全四条からなり、第一条に次のように書かれています。再掲しましょう。今度は漢文で。

繼嗣令第一　皇兄弟子條：凡皇兄弟皇子、皆為親王。［女帝子亦同。］以外並為諸王自親王五世、雖得王名不在皇親之限。

【意訳】天皇の兄弟、皇子は、みな親王とする（女帝の子もまた同じ）。それ以外は、いずれも諸王とする。親王より五世は、王の名を得ているとしても皇親の範囲にはない。

古川氏の理屈が成立しないのは、第一章六十六頁をご覧ください。古川氏が「江戸時代までは法令上は女系天皇も認められている」と主張していますが、その根拠は何なのでしょう。会議では示されていないので不明です。古川氏が特に強調しているのは、日本国憲法です。

古川氏は突如として「現在の天皇が天皇である根拠は日本国憲法であって、憲法を越えた存在ではありえない」と述べています。「国民の総意で認めてやっているんだ」と言わんばかりの説です。天皇は憲法に従え、憲法にない伝統を根拠として旧皇族を復帰させるのは憲法違反だ、と言っています。小泉内閣の有識者会議にいた「昭和天皇は日本国憲法が認めた初代天皇である」と主張する強烈な左派の横田耕一教授の説に乗っているのでしょうか。

古川氏は「やはりこちらが思ってもないようなことを押し付けられたわけではなくて、戦争の悲惨なことを踏まえた反省として、憲法の前文では普遍性ということをすごくうたっているわけであり、やっぱりそれを踏まえた憲法の下で、とにかく続いてきた天皇をどう生かすかということを考えるべきである」と言及するに至っては、なぜ戦争の話が出てくるのかわからない、と申し上げるばかりでしょう。

本書は日本国憲法の範囲内で議論すると最初に断っています。つまり皇室の伝統と日本国憲法を調和させようということです。しかし古川氏の議論は、日本国憲法で皇室の伝統を否定しようとの議論です。まったく違います。

いわゆるネトウヨと呼ばれる人たちは「皇室をサザエさん一家にたとえると」式の粗雑な議論がまかり通るので、博識者に限って女系論に走ってしまう（いっしょにされたくない）という悲劇になりかねないのですが。

とはいうものの古川氏の議論は、その「皇室をサザエさん一家にたとえると」式の粗雑な議論にも至っていないと断ぜざるを得ません。

日本中世史の本郷恵子氏は、「私、ここ百年のことはよく知らない」と言いながらぺらぺらここ百年以内のことを語っています。専門を語るべきでしょう。「女性天皇は例があるが、女系による皇位継承というのは先例のないことではあるが、やはりそこのところは一つ、一歩踏み出すということについて、本当に合意とか理解が取れるのであれば、今までの伝統を更新して、その価値を再認識するというのは非常に大きな意義を持つのではないかと思われる」と述べていますが、中世史家としてそれを言ってしまっていいのかというところでしょう。

本郷氏は旧皇族の皇籍復帰については、「既に旧宮家の離脱以来70年以上が経過しているわけで、そういう方たちに戻っていただいても、単に皇統に属する男子というだけでは、現在いらっしゃる女性皇族を上回る説得力を持つとはちょっと思えない」「やはりたくさんいる中から何らかの選択をしてお戻りいただくということになる。全員に戻っていただくというわけではないであろうから。そういうことも皇族とか皇室にはなじまないんではないかというふうに考えている」ということですが、これは何の根拠もない、井戸端会議レベルの発言と言われたら本郷氏はどう答えるのでしょうか。

本郷氏はまた、「上皇后」という敬称の新儀をやらかした人でもあります。「天皇の公務の負担軽減等に関する有識者会議」の氏の説明資料に次のようにあります。

天皇・上皇の配偶のあつかいは一定せず。女性に対する最上位の待遇として「女院」号もあるが、現代にはなじまないだろう。

現行の『皇太后』（崩御した天皇の皇后）とは状況が異なるため、より適当な称号を求めることができるか要検討。退位後のご活動との関係で、ご夫婦としての単位を重視するか、それぞれ別個のお立場と考えるかにも左右される。

そして、同有識者会議の最終報告書に次のように記載されるに及びました。

退位後の天皇の后については、退位後の天皇の称号と、その配偶者であることを表す文字を組み合わせた称号とすることとし、『上皇』の后として『上皇后』とすることが適当である。なお、『上皇后』という称号は、歴史上使用されたことのない称号であるため、この称号に込められた意義が国民に正しく理解されるよう努めていく必要がある。また、国際的にも、『上皇后』の概念が正しく理解されるよう、適切な英訳が定められることが望ましい。

待遇はすべて皇太后に倣うと書いてあるのに、なぜ無理やり敬称に関して新儀をなさなければならないのかということです。当時の安倍晋三首相を筆頭に、やはり新儀を作り上げたいという思いがあったのでしょう。

ということで本書では「皇太后」しか使っていません。

第三回ヒアリング（令和三年五月十日）

岡部喜代子氏は元最高裁判所判事であり、誠に官僚らしいことを言っています。法律上は女帝・女系は可能であるとしていますが、「ただ、だからといって、すぐにこの段階で女系天皇を認めるべきかということまでは、現段階では、私としては躊躇する部分がある」と述べています。男系男子で伝統を守ることができるのであるから、守ることができるのであれば守った方がいい、守ることができないのであれば議論の余地はあるけれども、可能だからといって今やる必要はない、ということです。

岡部氏はまた、「男系女子も含めて、男系ということには、それを続かせる現実的な背景や事情があったということが言えると思う」とし、「そういう事実があって、そういう制度が長続きしたと言えるわけで、それは、日本においては基本的に男性が権力を持っていたということがあると思われるし、事実、そのような主張もされている」と述べています。そして、男性の権力といった面が強いと思われてしまうので、「今の段階では男系を主張する論者からも理論的には認めてよいはずであるところの男系女子の皇位継承資格を認めるということが、多くの人の賛同を得られる可能性もあり、円満に皇位継承者を増やす方策ではないかと考えており」としているわけです。女帝ぐらいまでは認めて、ということです。

岡部氏は、「女性天皇は認めるが、女系天皇は認めないというお考えであったと思うが、（中略）先生のお考えは、飽くまで今の時点でのものであり、将来にわたっては、また議論を続けるべきではないかという趣旨か」という質問に対しては「そのとおりである」と回答しています。こうした文書を読み解く時には、有識者会議の類は政府が事前にやりとりしたことを議事録に残すための確認作業であるという視点が重要です。

大石眞氏はいきなり、「かつて『皇室典範に関する有識者会議』の報告書（平成17年11月）が示したように」女系拡大の議論をやれ、と言っています。悠仁親王殿下がおられるのに、親王殿下がまだおられなかった時点での議論をやれと言うところは、どういう了見なのか不明ですが。旧皇族の皇籍復帰については「原則に合致する者のみに絞られるべきではあるまいか」と言いながら結局は反対しています。何を言っているのかわかりません。

宍戸常寿氏は東大法学部の教授です。可能であるから皇位継承の女系拡大には賛成だとしています。ただし、なぜ現時点で賛成なのかの理由が詳しくありません。宍戸氏によれば、男系主義を貫く場合には今の憲法施行時の天皇の直系で繋げということですが、何を根拠にそう言っているのかわかりません。「国民の支持を得やすいのではないかと考える」と言っていますが、それは宍戸氏の主観にすぎないというものでしょう。

宍戸氏は「法律で養子たり得る資格を一般国民の中から皇統に属する男系男子に限定するならば、(中略)門地による差別に該当するおそれがある」と述べていますが、これについては第四章で詳述します。

ここまで政策論に踏み込んでいながら、宍戸案が通った場合に悠仁親王殿下については「法律屋としては触れないという形でお話をさせていただいた」と述べています。

百地氏は櫻井氏と同様の意見です。重複なので省略。

第四回ヒアリング（令和三年五月三十一日）

君塚直隆氏は、大前提として立派な学者であり歴史学者のお手本のように言われている人です。ただし、「イギリス王室が好きすぎて」という人です。日本の皇室はとにかくイギリスみたいになれ、と常々おっしゃっています。君塚氏に関しては、イギリス王室が好きだからそう言っているだけだ、という目で見る必要があります。そういう偏見を持っている人だと思って話を聞かなければいけません。

さて発言の原文です。

「『絶対的長子相続制』を適用し、皇位継承順位を定めていくべきである」と言っていますが、これはイギリス王室に倣え、と言っているだけです。皇族の養子縁組の可能化に関しては賛成していますが、よく見てみると、「現在の内親王・女王に『宮家』を創設していただ」いて、という話であり、旧皇族の皇籍復帰には反対です。絶対の基準がウィンザー朝で、日本の伝統などはどうでもいい、とにかくイギリスみたいになれということで、その根拠は何かと言えば、君塚氏がイギリス王朝を好きだからというぶった切りで終わりです。

曽根香奈子氏は、女性で政府寄りのことを言ってくれる一枠でしょうか。「まず女系天皇という言葉が間違っているかと思います。歴代父系（男系）を辿り、初代神武天皇に血統が繋がる事が天皇の定義と理解しています」と言っていますが、これは現参議院議員の青山繁晴氏そのままの言い方です。「父系」という言葉は青山繁晴氏の造語と記憶しています。青山氏の信奉者からは褒められることでしょう。母系天皇は天皇ではない、とするところなど、護る会（日本の尊厳と国益を護る会。代表・青山繁晴）の主張を丸呑みしている人のようです。

曽根氏は旧宮家について、「いわゆるGHQにより、ハーグ陸戦条約違反にて、不当に臣籍降下させられたもの」としています。言いたいことはわかりますが、これで一般の人たちに伝わるのでしょうか。「占領下に置いた相手国の法律を変えてはいけない」というハーグ陸戦条約に違反して皇室典範を変えて、不当に臣籍降下させたものだからそれを取り消せ、と言いたいわけですが、ここでハーグ陸戦条約を持ち出すセンスはいかがなものでしょうか。旧皇族の皇籍復帰には賛成です。そのために呼ばれている、数合わせのための枠でしょうか。結論だけ読めば、中身の検討は不要でしょう。

民法学者の橋本有生（ゆき）氏は、「国民意識の変化によっては、女系天皇の可能性も十分に論じる余地がある」とし、「女系継承を認めるとしたら、改正が必要とされるのは下位の法である皇室典範のみであって、憲法は含まれないものと考える」としています。憲法が禁止していることを、どうして皇室典範において行っていいのでしょうか。

日本の歴史や伝統などは無視したいという人は、改正が必要とされるのは下位の法である皇室典範のみ、といった考え方に辿りつきます。橋本氏は「皇室典範がなぜ養子縁組を禁じたのかについては、多くの論者が語ってきたことである」と言っていますが、これは、所功氏が一時期、庄屋も娘婿を取って維持したんだから皇室も娘婿を取っていいんだ、と言っていたのと同じことです。それを民法学者として家族法の専門家の立場から言いましたということでしょう。

都倉武之氏は、皇位継承の女系拡大には賛成で、旧皇族の皇籍復帰には反対です。悠仁親王殿下がおられなくなる、悠仁親王殿下に男子のお子様がおられなくなる、そういう世の中になってから考えるのでは遅いので皇位継承の女系拡大を容認しましょうという、かなり雑な議論です。都倉氏は、旧皇族の皇籍復帰は非現実的とは言えないとしながら、「安定的皇位継承確保のための最小限度にとどめられるべき」と言い、なぜか宮家の増設は望ましくないとしていま す。その理由は「皇位継承資格は次代以降に認めることが自然と思われる」ということなのですが、何の根拠で「思われる」のかは不明です。旧皇族の皇籍復帰については賛成ともとれないことはありませんが、要するに反対です。

第五回ヒアリング（令和三年六月七日）

さて、ここまでの有識者の皇位継承の女系拡大の賛成七・反対六、旧皇族の皇籍復帰の賛成八・反対九と数はかなり拮抗しています。それが、ここから一気に、怒濤（どとう）の政府側意見賛成の女性三連発がやってきます。

綿矢りさ氏は女帝に賛成したというのでいわゆるネトウヨに思いきり叩かれていた人です。公開された公文書で綿矢氏の発言を読めば、ネトウヨ諸君は敵味方識別装置が壊れていたとの評価しかできません。

綿矢氏は、「天皇陛下は、余りにも幅広い役割を担っておられる」とし、「国民として知ろうと思わなければ、必ずしも日常の中で直接的に実感する機会は少ないのではないかとも思う」と述べ、「中学生の頃、百人一首のカルタをしているとき、女性天皇である持統天皇の札を見て、女性の天皇もいらっしゃったのかと思ったことが、彼らは今も強く印象に残っている」と言っています。この部分が「女性天皇容認だ」と報じられ、叩かれたのですが、次の部分を読んでいないのでしょう。

皇位継承の女系拡大については、「今の時代にかけて、一部容認しても良いのではないかとの意見も出ているが、伝統を重んじる観点から、慎重に取り扱う必要があると考えられる」。旧皇族の皇籍復帰については「これまでの長い皇室の歴史においても、皇位継承の危機において、知恵を出し合い、皇統を遡り、伝統ある皇位継承を維持してきた経緯があり、皇族数が減少する現状において、現実的な案ではないかと思う」という意見です。もともと識見があったのか、一夜漬けで勉強したのかは知りません。

半井小絵（なからいさえ）氏は道鏡の皇位継承を阻止したことで知られる和気清麻呂の子孫だということです。「女系への拡大は日本を混乱させる原因となり許容できない」とし、旧皇族の皇籍復帰は賛成であると力強く言い切っています。これを言うために呼ばれたのですから、こういう発言をして当然です。

漫画界の大御所の里中満智子氏は、『女帝の手記（5）（たまゆら道鏡）』（読売新聞社、一九九二年）という道鏡を美化した作品を描いたこともある漫画家ですが、「女系賛成などと言うな、GHQのやったことをぶっ潰せ」と言わんばかりの主張をされています。

神道学者の松本久史氏は、言うに及ばず皇位継承の女系拡大は反対、旧皇族の皇籍復帰は賛成です。

政府側の意見が最後に来て一気に四連勝となり、まさにスリルとサスペンスに溢れる有識者会議、という結果となりました。直前まで七対十だった皇位継承の女系拡大の賛成反対が七対十四に、旧皇族の皇籍復帰については賛成反対が八対九だったものが十二対九と一気に逆転です。

誰が、こんな面白いことを考えたのでしょう。もっとも、菅内閣の有識者会議をこんなにスリリングに追っていた人が、日本で何人いるかは知りませんが。

菅義偉首相のことを「皇室に興味がない」「グローバリストの売国奴」だと言っていた人は、一度正式に謝罪した方がいいと思います。

ちなみに私は自分が主催するインターネット番組チャンネルくららで菅前首相にインタビューさせていただきましたが、断言します。

菅義偉前首相は、立派な尊皇家です。

第二章 補講 皇室を取り巻く政治の話

《小泉純一郎》

昭和十七（一九四二）年、生まれ。父・純也（防衛庁長官）、祖父・又次郎（逓信大臣）と三代続けての政治家一家に生まれる。

昭和四十七（一九七二）年、衆議院議員に初当選。以後、連続十二回当選。平成十三（二〇〇一）年、首相に。「小泉旋風」と呼ばれる、高支持率の長期政権を築いた。ながらく、田中角栄・竹下登の系譜に連なる親中派の政権が続いたが、親米を明確に打ち出した。靖国神社参拝問題などで、中国と激しく角逐。

平成十四（二〇〇二）年平壌宣言で北朝鮮に日本人拉致を認めさせ、五人とその家族だけとはいえ、被害者の帰国を実現する。

平成十八（二〇〇六）年、自らの後継者と目した安倍晋三が、総理大臣に。

一般に、グローバル化・新自由主義を推し進めた政治家と目されているが、小泉家は基本的には保守政治家の一家。

ただ、在任中に進めた「女系容認」は保守層の強烈な反発を招いた。

《安倍晋三》

昭和二十九(一九五四)年、生まれ。父は安倍晋太郎(自民党幹事長などを歴任)、祖父は安倍寛、母方の祖父は岸信介(首相)と政治家一家に生まれる。

平成及び令和初期を代表する保守政治家。旧皇族の皇籍取得を主張、女系天皇や女性宮家への反対で知られる(女帝に関しては不明)。

昭和五十七年から外務大臣に就任していた父の秘書官に。

平成三年、父晋太郎が急死。平成五(一九九三)年に父の地盤を引き継ぎ、衆議院議員に当選。以後、連続十回当選。

平成十二年、第二次森喜朗内閣で、小泉純一郎の推薦を受け、内閣官房副長官に就任。第一次小泉内閣でも留任。平成十四年、小泉首相の平壌訪問にも同行。対北朝鮮強硬外交で、若手政治家ながら一般にも広く知られるようになる。

その後も小泉内閣で、自民党幹事長・官房長官と政権中枢で重用される。

本文で記述の通り、小泉首相が「女系天皇容認」に舵を切った際、翻意するよう説得した。

平成十八年に、「戦後レジームからの脱却」を掲げ、総理大臣に。多くの保守的な政策を打ち出すが、一年で短命退陣。この時は、皇室に関しては、大きな動きをしなかった。

平成二十四年、首相に返り咲き。以後、最長不倒・在任日数歴代最長の内閣となる。この内閣で、「生前退位」と改元の事前公表が行われる。

令和四年、選挙の遊説中に銃撃されて、死亡。

なお在任中の平成三十一年三月二十日の参議院財政金融委員会において、国民民主党の大塚耕平参議院議員から「旧皇族の皇籍取得」について聞かれ、以下のやり取りを行っている。
○**大塚耕平君**　総理、代表質問でも一度お伺いしたことがあるんですが、総理は、御自身の所信の中で、あるいは予算委員会の答弁の中で何度も戦後政治の総決算ということを言っておられるんですが、ＧＨＱの指示に基づいて皇籍離脱をされた宮家や皇族がこれだけいらっしゃるということについて、これを是認するお立場でしょうか。

○内閣総理大臣（安倍晋三君） 是認というのは、皇籍を離脱された方々が、言わば皇籍を離脱したということについて、それを認めるかどうかということ、という御質問でございますか。

○大塚耕平君 いや、私がお伺いしたいのは、総理は戦後政治の総決算ということを何度もおっしゃって、もう六年も総理を務めておられる。大変長期間お務めになっておられることに敬意を表したいと思います。

しかし、戦後政治の総決算というならば、せんだって私は日米地位協定の見直しについて質問をさせていただきました。米軍との関係の問題、それから、我が国にとってポツダム宣言を受諾した後に占領された北方領土の在り方、これらについてる質問をさせていただいておりますが、総理からは、戦後政治の総決算という決意の割には、それに適合するような御答弁をいただけていないような気がいたしております。

同様に、このＧＨＱの指示に基づいて十一宮家と二十六人の皇族の方が皇籍離脱をしたという、これをこのままにしておいて本当に戦後政治の総決算ができるというふうにお考えですかという質問をさせていただいております。

○内閣総理大臣（安倍晋三君） 皇籍を離脱された方々はもう既に、これは七十年前の出来事で、七十年以上前の出来事でございますから、今は言わば民間人としての生活を営んでおられるというふうに承知をしているわけでございます。それを私自身がまたそのGHQの決定を覆すということは全く考えてはいないわけでございます。

他方、恐らく皇位の継承との関係で御質問されているんだろうと、こう思うわけでございますが、同時に、この安定的な皇位の継承を維持することは国家の基本に係る極めて重大な問題であると考えておりまして、男系継承が古来例外なく維持されてきたことの重みなどを踏まえながら、慎重かつ丁寧に検討を行う必要があると、このように考えております。

この質疑に関して、「安倍首相が旧宮家の皇族復帰に否定的な見解を示した」と報じられので、「それは違う。私が言ったのは『旧宮家全部の復帰はない』ということだ」とも伝えられる（『産経新聞』平成三十一年四月一日。インターネット版で確認)。

大塚議員が「総理からは、戦後政治の総決算という決意の割には、それに適合するような御答弁をいただけていないような気がいたしております」との文脈の質問である以上、仮に真意が「全部の復帰はない」だとしたら、相当に誤解を招く表現だったのは間違いない。

《福田康夫》

昭和十一(一九三六)年生まれ。父は後に首相となる福田赳夫。サラリーマン生活の後、福田赳夫内閣で首相秘書官。平成二(一九九〇)年総選挙で、父の地盤を継いで衆議院議員初当選。以後、当選七回。

森喜朗内閣で小泉純一郎の推薦で官房長官として入閣。小泉内閣でも官房長官に留任。しかし、年金未納問題が問題視され、辞任。

森内閣において安倍晋三官房副長官より後に内閣に入り、小泉内閣で先に辞めた形となる。小泉内閣期のマスコミ報道では、北朝鮮や中国に対し強硬な安倍副長官に対し、融和的な福田長官と、しばしば対比されたが、あえてそのような役割分担を行ったとの説もある。

第一次安倍内閣退陣後の混乱の中、首相に就任。ワンポイントリリーフ役となる。一年で辞任した後、引退。

安倍との不仲説が囁（ささ）かれたが、真相は不明。たとえば、安倍副長官が核武装容認発言で問題視された時も最後まで安倍を庇（かば）い、辞任を阻止した。また、福田は公文書管理に異様なまでの熱意を示す首相だったが、在任日数が第一次安倍内閣より一日だけ短い。

しばしば、「安倍＝タカ派（尊皇）」「小泉＝グローバリスト（伝統破壊者）」「福田＝ハト派（非尊皇）」の構図で語られるが、こと皇室問題に関しては、そのような単純な色分けは成立しないと思われる。

《小泉内閣の福田康夫官房長官が、雅子妃殿下のご懐妊中に解釈改憲》

平成十三（二〇〇一）年六月八日の衆議院内閣委員会で次のような質疑応答があった。

○島聡（当時民主党衆議院議員）（前略）官房長官にお尋ねします。前回、いわゆる皇室典範の問題についてお聞きをしました。きょうお聞きさせていただくのは、まず第一問、皇統というものに関するものでございますが、皇室典範の第一条で、「皇位は、皇統に属する男系の男子が、これを継承する。」というふうにあります。質問は、皇室典範第一条に言う「皇統」というのは、男系であり、女系であり、それは含むという解釈でいいのかということでございます。

皇室典範、いろいろと調べてみました。明治憲法の前に皇室制規というのがあります。そのときは女帝、女系帝を認めていたわけでありますが、猛烈な反対論を展開したのが、井上毅という官僚だったようであります。井上は「謹具意見」という伊藤あての意見書の中で、「女帝の夫が源という姓なら、生まれくる子は源の家の子であり、天皇家の人間ではない。だから、女系には皇位継承は認められない」ということを発言しております。

これは、読みようによっては、女帝の子は女帝の夫の姓を継ぐものでありますから、皇統が他に移ってしまう、そういう判断になってくるわけであります。これはちょっと、非常に無理な感覚だと思いますので、皇統とは男系と女系を含むという解釈でいいのかどうか、お尋ねいたします。

○**福田康夫（内閣官房長官、男女共同参画担当大臣）**　「皇室典範一条が定める「皇統」とは、天皇に連なる血統のことであり、男系及び女系の両方の系統を含むものと考えるということです。

○**島聡**　それから、福田国務大臣に、憲法を改正しなくても皇室典範の改正はできますねとお聞きしたところ、大丈夫ですとおっしゃったわけでありますが、これを確認します。

いわゆる、かつての加藤紘一官房長官の時代にこういう答弁をしています。憲法第二条は、皇統に属する男系の男子が皇位を継承するという伝統を背景として制定されたものなので、二条は皇位継承者を男系の男子に限るという制度を許容していると考える。これは、憲法違反じゃないかということに対してどうかということについての答弁ですから、そのままでいいと思うのですが、世襲は伝統である、伝統というのは男系男子の継承である、憲法上の世襲には男系男子の継承が読み込まれているということであるという解釈をしている学者その他もたくさんございます。

だから、本当にやるなら憲法二条の改正が必要という意見もありますし、素直に加藤さんの答弁を見ますと、どうもそのように読めないこともない。だから、福田大臣が憲法の規定の範囲で変更できるだろうとおっしゃったということは、今までのいわゆる憲法解釈が変わったというふうにとらえていいわけでしょうか。

○福田康夫　憲法第二条ですね。これは、皇位を世襲であることのみを定めて、それ以外の皇位継承にかかわる事柄については、すべて法律である皇室典範に譲っているところである。女性の天皇を可能にするために憲法を改正する必要はないということは、これは前にも申し上げたと思うのです。

ただいま御指摘の加藤内閣官房長官の答弁、皇室典範において皇位継承者を男系の男子に限っていることが、法のもとの平等を保障した憲法十四条との関係で問題を生じるものではないということを加藤官房長官の答弁では述べているものでございまして、皇位継承者を男系の男子に限ることが憲法上の要請である旨を加藤官房長官がお答えしたものではないということですね。加藤官房長官は憲法上の要請である旨をお答えしたものではないということで私は承知をいたしております。

（第151回国会　衆議院　内閣委員会　第16号　平成13年6月8日）

福田官房長官（当時）は憲法第二条で定められた「皇位の世襲」は男系および女系の両方の系統を含むものと考える、と解釈改憲し、憲法を変えなくても単なる法律である皇室典範を変えれば女系天皇は容認できる、とした。強弁しているが、解釈改憲であるのは間違いない。

《平泉澄》

明治二十八（一八九五）年生まれ。東京帝国大学教授。専門は日本中世史、政治家や高級官僚とも頻繁に接触し、いわゆる「皇国史観」の祖として社会的影響力を誇った。皇国史観とは、「日本臣民は万世一系の天皇に無条件に忠誠を誓う義務がある」由来を説いた歴史認識だと解された。平泉は昭和二十（一九四五）年八月十五日付で敗戦責任を痛感して東大教授を辞し、蔵書を乗せたリヤカーを引き研究室を後にした。

ただし、戦後もその歴史観は変わらず、『少年日本史』などで皇国史観を説き続けた。特に、「南北朝時代」の名称を認めず「吉野朝時代」と呼び続け、「足利にあるのは私利私欲のみ。語る価値がない」とする一方で南朝に尽くした忠臣の列伝の記述に過大な比重を割いた。

戦後もながらく天皇について語るのはタブー視されたが、その根源は平泉と皇国史観にあるのは間違いない。

昭和五十九（一九八四）年、死去。

このように万世一系を最も強調してきた平泉の高弟である皇學館大学の田中卓教授が「女系容認」を言い出した意味を理解しないと、事の本質が見えにくくなる。

《カラカウア家のリリウオカラニ女王》

ハワイ王国唯一の女王であり、最後の国王。在位一八九一〜一八九三年。一八七二年にカメハメハ五世の死去で初代カメハメハ大王の直系が絶えたことで二代目の選定王となったカラカウアの妹である。健康を害したカラカウア王に代わって一八九〇年に摂政となり、翌一八九一年、兄王の死に伴い女王となった。

リリウオカラニは王位復権に尽力した女王である。一八九三年、その旨を明らかにした憲法を公布しようとするもアメリカ併合論者たちの武装蜂起を招き、リリウオカラニは女王を退位させられた。一八九五年に王位奪還を目指すが失敗。一八九八年、ハワイはアメリカ領となった。ここにハワイ王朝は断絶した。

なお、リリウオカラニ女王は「アロハ・オエ」の作曲者としても知られる。

《オーストリア継承戦争》

一七四〇～一七四八年、神聖ローマ皇帝カール六世の長女マリア・テレジアのオーストリア継承をめぐって行われた戦争。

マリア・テレジアの領土相続については、「国事詔書(プラグマーティッシェ・ザンクツィオーン)」と呼ばれる列国の承認を得た文書に基づくものだったが、一七四〇年十月、カール六世の死去とともに生じたマリア・テレジアのオーストリア王女即位に対して、ドイツ諸侯のプロイセン、バイエルン、ザクセン及びスペインが異議を唱え、ハプスブルク家と対立関係にあったフランスがこれを支持して戦争は開始された。

オーストリアはイギリスと同盟してこれに対抗。

戦争は、一七四八年十月、アーヘンの和約をもって終結し、オーストリア王位はマリア・テレジアに帰属することとなり、その代償としてプロイセンはシュレージエンなどの領土を割譲された。

《秋篠宮ご夫妻がお二人揃って「こふのとり」の歌を詠まれた》

宮中で行われる新年最初の歌会を歌会始の儀と言う。歌会始の儀は毎年一月に開催され、天皇皇后両陛下の御前で、一般から詠進して選に預かった歌、選者の歌、召人の歌、皇族殿下のお歌、皇后陛下の御歌と続き、最後に御製が披講される。皇太子殿下をはじめとする皇族方が列席され、文部科学大臣、日本芸術院会員、選歌として選ばれた詠進者などが陪聴する。

平成十八(二〇〇六)年のお題は「笑み」だった。秋篠宮ご夫妻が詠まれた歌は次の通りである。(歌、解説ともに宮内庁ホームページより引用)

文仁親王殿下

人々が　笑みを湛へて　見送りし　こふのとり今　空に羽ばたく

(解説)秋篠宮殿下は秋篠宮妃殿下とご一緒に、昨年(平成十七年)九月二十四日に、兵庫県豊岡市にて、コウノトリの野生復帰の第一歩として行われたコウノトリの放鳥式に出席された。式典会場には、約三五〇〇名の人々が来ており、その人たちが皆笑顔で飛んでいくコウノトリを見送っていいた。その光景を詠まれたものです。

文仁親王妃紀子殿下

飛びたちて　大空にまふ　こふのとり　仰ぎてをれば　笑み栄えくる

（解説）秋篠宮妃殿下は、秋篠宮殿下とご一緒に、昨年（平成十七年）九月二十四日に、兵庫県豊岡市にて、コウノトリの野生復帰の第一歩として行われたコウノトリの放鳥式に出席された。式典会場には、コウノトリを大切に育て、見守ってきた関係者や豊岡の人々が多く集い、飛び立って大空に舞うコウノトリの姿を皆一緒に見上げていると、自然に笑みが込み上げてくる様子を詠まれたものです。

歌会始のあった翌月の二月に秋篠宮妃殿下のご懐妊が宮内庁から公表され、妃殿下は九月六日の朝に悠仁親王殿下を出産された。

ちなみに宮内庁のホームページでは、皇族だけではなく一般国民からも和歌を募集するようになった昭和二十二（一九四七）年の歌会始から直近の歌会始までの御製・御歌・詠進歌がすべてＰＤＦで閲覧できる。

《小泉首相の誤解》

秋篠宮妃紀子殿下のご懐妊発表、四日後の小泉首相の発言である。

天皇制を安定的に将来も維持していこう、国民統合の象徴として天皇制の重要性を認識するならば、この皇位の継承というものは安定的にこれからも維持していかなくてはならないという観点から、政府としては、今のままでは、男系男子ということを考えますと、果たして将来どうなるんだろうかという心配もあります。そういうことから、政府としては、できるだけ多くの国民の理解を得ながら、また政争の具にならないように、この皇室の制度について理解を得ながら協力をいただきたいということで、これから、与党においても、また野党の皆さんにおいても冷静に議論をしていただきたいと思っております。

確かに、この問題につきましては、それぞれの意見が分かれるところでもあります。また、皇室典範制度を変える時期によって、皇位継承者が内容によって変わってくる場合もあります。そういう点も含めて、私は、本来、政治を超越した存在である天皇の地位ということを考えますと、全会一致で改正されることが望ましいと思っているんです。
であリますので、この協議、審議については、いわゆる取り運びについては慎重に考えたいと思って、政争の具を避けるような手だてを考えなきゃならないと思っております。そのことが、国民統合の象徴である天皇制を、今後とも、国民の総意のもとに、安定的に、敬意を持って、長く日本の歴史と伝統の天皇制が維持されるような形に持っていきたいなと思っているところでございます」

（第164回国会　衆議院　予算委員会　第19号　平成18年2月28日）

男の子が生まれる可能性があるのに、「果たして将来どうなるんだろうかという心配」を述べている。「世襲である限り、皇位の安定的継承などありえない」という点に理解が及んでいなかったのではないか。

《藤原氏の皇室圧迫》

藤原氏は、大化の改新（六四五年以降の改革）で尽くした中臣鎌足が「藤原」を名乗り、大宝律令の制定（七〇一年）に尽くした藤原不比等を実質的な祖とする。幾多の権力闘争を勝ち抜き、藤原良房が天安二（八五八）年に摂政となってからは、摂関政治が常態化していく。

摂関政治とは、天皇が幼少の際は摂政として、成人してからは関白として政治を補佐する建前で、実質的な最高権力を振るうことと解される。その政治力の根源は、歴代摂関家当主は、娘を皇族に嫁がせ、婿を天皇に据えることだった。

この権力を維持する過程で、皇室に対する多くの圧迫が行われた。たとえば元慶八（八八四）年、光孝天皇は即位と同時に関白・藤原基経に対する遠慮から、すべての子女を臣籍降下させ、自らの子孫に皇位を継承させない意向を示した（その中の一人が定省王、後の宇多天皇）。

藤原道長は三条天皇と折り合いが悪く、遂にストレスによる失明に追いやった。三条帝は、息子の敦明親王を皇太子にする条件で道長の意向に沿う後一条天皇への譲位に応じるが、長和六（一〇一七）年敦明親王は自ら皇太子の拝辞を申し出た。

道長の子の頼通は、自らの外戚ではない尊仁親王にあらゆる圧力をかけ続けたが、親王は二十五年にわたって耐え、治暦四（一〇六八）年に親王が即位すると頼通は前途を悲観して引退する。ここに摂関政治の絶頂は終焉する。天皇は死後、「後三条院」と諡（おくりな）された。

こうした天皇・皇族に対する圧迫の過程で、「ピンクの包丁事件」のような事例は少なからず記録されている。

《有識者会議の人選》

主な参加者	平成17年	平成24年	平成28年	令和3年
所　功（歴史学者）	○	○	○	○
八木　秀次（憲法学者）	○	○	○	○
今谷　明（歴史学者）	×	○	○	○
笠原　英彦（歴史学者）	×	○	○	○
大石　眞（憲法学者）	×	○	○	○
百地　章（憲法学者）	×	○	○	○

櫻井よしこ（ジャーナリスト）	×	○	○	○
岩井　克己（ジャーナリスト）	×	×	○	○
古川　隆久（歴史学者）	×	×	○	○
本郷　恵子（歴史学者）	×	×	○	○
君塚　直隆（歴史学者）	×	×	○	○
新田　均（神道学者）	×	×	○	○
園部　逸夫（元最高裁判事）	○	×	○	×
横田　耕一（憲法学者）	○	×	×	×
高森　明勅（神道学者）	○	×	×	×

○は参加、×は不参加

一般に、政府の有識者会議は、誰を呼んでいるかを見るだけで、政府の意思が読み取れる。平成十七年会議では、本文で言及した所・高森両氏の他、強硬に女系天皇論を主張する園部・横田両氏のような方も呼ばれている。園部氏は外国人参政権容認などリベラル系の判決を多く残しているし（特に個別意見に顕著だが省略）、横田氏は「現在の天皇は日本の歴史とは関係なく象徴によって認められた存在であり、昭和天皇が初代天皇」などと主張している（日本記者クラブ・研究会「生前退位を考える」記者会見・平成二十八年十一月十六日）。小泉内閣が強硬に女系論を推進したのは明らかだが、平成二十四年会議は、政権に力がなく、会議の内容をまとめることすら不可能だった。

平成二十八年会議は、譲位が実現された。日本共産党を含む国民の九割が御譲位に賛成の中、強烈に反対したのが一部保守層というねじれた状況が発生した。

令和三年会議では、本章で詳述の通り。

有識者会議の議事録等は現在、ＷＡＲＰ（Web Archiving Project／国立国会図書館インターネット資料収集保存事業）のウェブサイトで閲覧することができる。直近の〈「天皇の退位等に関する皇室典範特例法案に対する附帯決議」に関する有識者会議〉の議事録及び報告書は内閣官房のウェブサイトに掲載されている。

第三章

なぜ皇室を守らなければならないのか

~日本の歴史を変えたい御仁がいる~

秋篠宮家から皇位継承権を取り上げたい人々

皇位継承問題の核心は、悠仁親王殿下がおわすのに秋篠宮家から皇位継承権を取り上げようとする議論の根拠は何か、です。

現在の秋篠宮家バッシングは異常です。秋篠宮家が相手ならば、何をやっても許されると言わんばかりです。

既に述べましたように、皇室の方々は名誉毀損をされても訴えることができません。形式的には総理大臣が代わりに訴えることになっていますが、実際に訴えた例は一度もありません。その結果、言いたい放題、やりたい放題です。その事例を紹介するのはやめましょう。どうしても興味がある方は、「秋篠宮　本当の」とキーワードで検索してみてください。何の根拠もない誹謗中傷で溢れています。なに一つ証拠もないのに、よく憶測だけでここまで言えるなと思うしかありません。こちらの話は、ここで切り捨てて終わりです。

既に皇籍を離れている小室眞子さんとご主人の圭さんへのバッシングも、惨い（むご）ものでした。小室圭さんのご家族の話、ご本人の就職の話、なんでもかんでも言いたい放題でした。やれ、圭さんのお母さんの借金問題だの、圭さんがアメリカの司法試験に何度も不合格になるだの。なんでもかでも叩かれました。

だから令和三（二〇二一）年十月二六日、秋篠宮家の眞子内親王殿下は同日午前に宮内庁職員を通じて婚姻届を提出して受理され、小室眞子さんとなられた後での、圭さんとお二人では四年ぶりとなる記者会見で眞子さんははっきりと自分の意思を話されました。約十分間の会見は全国民を敵に回したかのような感がある結果となりましたが、眞子さんのお気持ちはわかります。

こう言うと、「国民には知る権利がある」「疑惑があるなら叩くのが当然だ」と言わんばかりの反論が飛んできます。私は小室眞子さんと圭さんがどんな方か、お会いしたことがないので詳しくは存じ上げません。また、バッシングをしたい方々が知りたいことの真相など知りもしませんし、知りたいとも思いません。

問題は、眞子さんの件を秋篠宮家バッシングの正当化に使い、あまつさえ秋篠宮家から皇位継承権を取りあげようとの陰謀に利用しようとする動きがあったことです。

ところで、秋篠宮家バッシングは、小室圭さんが婚約者として現れたからではない、とどれほどの人が覚えているでしょうか。

秋篠宮家バッシングの本質

秋篠宮家に対する世間のバッシングは、小室圭さんと眞子さんの結婚問題で生じたと一般的には思われていますが、これは誤った認識です。眞子内親王殿下（当事）のいわゆる横浜デートが雑誌『週刊女性』の平成二十八（二〇一六）年十一月一日号で報じられ、NHKがスクープとして「眞子さま、婚約へ」とまずは速報テロップで報じたのが平成二十九年五月十六日、同年九月三日に婚約内定会見が行われ、日本中が祝福ムードに包まれました。眞子内親王のご結婚、そしてそのフィアンセへの歓迎ぶりは当事、〝小室フィーバー〟などと称されました。

雲行きが怪しくなってきたのは、同年十二月二十六日号の『週刊女性』で「眞子さま嫁ぎ先の〝義母〟が抱える400万円超の〝借金トラブル〟」とタイトルされた記事が報じられてからのことで、平成三十年二月六日に宮内庁が結婚延期を発表し、同年八月七日、小室圭さんはアメリカのフォーダム大学へ留学するためにニューヨークに居を移します。とはいえこの時点ではまだロイヤルウェディングにまつわるスキャンダルの一つでした。

これが厳しいバッシングに変わるきっかけは、平成三十年十一月三十日に公表された秋篠宮殿下の五十三歳の誕生日記者会見でした（記者会見自体は十一月二十二日に収録）。秋篠宮家バッシングの理由の本質は、この記者会見にあります。

記者会見において、次の質疑応答がありました。宮内庁ウェブサイト「文仁親王殿下お誕生日に際し（平成30年）」にアーカイブされています。

要点は、以下の通りです。

大嘗祭（だいじょうさい）は宗教色が強いので国費で行うのは適切かどうかという疑問を呈した上で憲法の政教分離とも考えると内廷会計で行われるべきではなかったかと述べられていること。大嘗祭自体は絶対にすべきものという前提で身の丈にあった儀式にすればと言ったけれども宮内庁長官が聞く耳を持たなかったと述べられていることです。

当時の宮内庁長官は山本信一郎氏で、山本長官は「大嘗祭は様々な議論を経て内廷費ではなく、宮廷費を充てることが決まったと、秋篠宮さまには説明してきた。つらいが、聞く耳を持たないと受け止められたのであれば申し訳ない」と述べ、同庁の西村泰彦次長は定例会見で

「しっかりした返答をしなかったことへの宮内庁に対するご叱責と受け止めている」との見解を示しました。ずいぶん殊勝な態度ですが、誠が伝わってきません。これは私の主観ですが。

この秋篠宮殿下のご発言があって、秋篠宮家バッシングが本格化します。女性週刊誌が御結婚問題で叩き始めたのは影響が大きく、Ｙａｈｏｏニュースのコメント欄を筆頭にバッシングが連続して今に至る流れができました。

秋篠宮殿下の発言を正確に読み取ることができている人はほとんどいませんでした。大嘗祭は誰が行うものなのかということについては、昭和から平成に代わっていく時期にたいへんな議論がありました。昭和五十四（一九七九）年、真田秀夫当事内閣法制局長官は次のように答弁しています。

> 皇位の継承に伴いましていろいろな儀式をおやりになるでしょう。そのうち、国事行為として行われる部分と、それから天皇家といいますか皇室の行事として行われる分と、それは分けてわれわれ考えているわけなんです。
>
> それで、大嘗祭につきましては、これはもう少しせんさくしてみなければわかりません

が、従来の大嘗祭の儀式の中身を見ますと、どうも神式でおやりになっているようなので、それは憲法二十条第三項の規定がございますので、そういう神式のもとにおいて国が大嘗祭という儀式を行うことは許されないというふうに考えております。それは別途皇室の行事としてあるいはおやりになるかどうか、それは政府の方ではというか、私の方では実は直接関係がございませんので、もし御疑問でございましたならば、それは宮内庁の方にお尋ねをしていただきたいと思うわけでございます。

（第87回国会　衆議院　内閣委員会　第7号　昭和54年4月17日）

天皇の行為は、国事行為、公的行為、私的行為の三つに分けて考えられています。国事行為は日本国憲法第七条に明らかにされていますが、第七条に書かれたもの以外の公人としての行為が公的行為です。その他はすべて私的行為で、つまり、皇室伝統の儀式は、たとえば趣味で皇居の中をドライブすることと同じ、私的行為となります。生物の研究も大嘗祭も私的行為の中に入ってしまう法体系となっています。

秋篠宮殿下がおっしゃった「宗教行事と憲法との関係はどうなのかというときに、それは、私はやはり内廷会計で行うべきだと思っています」というのは、政府の関与から宮中行事を守るための発言です。国の行事ということであれば何十億というお金が政府から出るわけですが、その代わりに、政教分離の原則に従って指図を受けることになります。昭和六十四（一九八九）年に昭和天皇の崩御があり、同年（平成元年）二月二十四日に葬儀が営まれました。午前中は皇室の私的行事として葬場殿の儀が行われました。この時は鳥居をはじめ、神具が備えられています。午後は、国家儀礼である大喪の礼となります。国家儀礼ですので、憲法二十条の政教分離原則に従わねばならないということになります。神具は取り払われます。鳥居も最初から車輪を付けており、取り払われました。世にも恥ずかしい、「移動式鳥居」です。移動式鳥居は衆人環視の下で登場しました。政府に任せておけば、こういう世にも恥ずかしいことをやらされるのです。

大嘗祭で何が起きたか知りえませんが、容易に想像できます。

秋篠宮殿下は、内廷費という皇室のポケットマネーでつつましやかにやればいい、その方法は自分で研究している、とおっしゃられたわけです。

これに対し、いついかなる時も保守業界の、時の権力者の意向に歩調を合わせる、保守の中でも知識と情報に著しく欠けて思いだけが極端に強い方々は、「大嘗祭という皇室にとってものすごく大事なことをつつましくやろうなどと言う秋篠宮は皇室の何たるかをわかっているのか」などと叩きまくりました。「国の予算と公的行事のあり方に異議を唱える極めて政治的発言、政府の決定に記者会見という公の場で異論を唱えたことは不適切」などと盛んに批判されました。彼らはいったい何様のつもりでしょうか。

皇族には言論の自由があるということをまず理解した方がいいでしょう。公開の場では自己抑制するけれども、よくよく考えた上でのことを絶対に言ってはならないかというと、それを否定する法はどこにもありません。

そもそも大嘗祭は、農作物の豊穣を祈る、最も重視される祭祀の一つです。神道の儀式によって行われるので当然宗教色が強くなります。平成への御世代わりの時には国家としても大事な儀式であるという理屈で国費が投じられました。二十億円強が投じられたそうです。内廷費という皇室の予算は三億円ぐらいですから、国費で賄ってもらった方が助かる関係者は多いわけです。

だからこそ、もう身の丈にあったところで行おう、というのが秋篠宮殿下の発言だったわけです。

誰も注目しなかった秋篠宮殿下のご発言

平成三十（二〇一八）年十一月三十日に公表された秋篠宮殿下の誕生日記者会見の時点では、現在の上皇陛下のご譲位は既に決定していました。秋篠宮殿下は公務の整理についても同記者会見で言及しています。これは用意された質問の第一として挙げられていた項目でもありました。

秋篠宮殿下は「抱負」として、いろんな団体の総裁や名誉総裁などの、公的な仕事の整理を挙げてらっしゃいます。

当事、また現在の時点でも、このご発言の重みを言う人はほとんどいません。秋篠宮殿下のこの発言は、結論から言えば、悠仁親王殿下のためになされたものだと拝察します。

悠仁親王殿下におかれて、最も重要な仕事の一つは健康に成長されて長生きをされること、もう一つは男子を儲けられてお世継ぎとされるということです。ご公務が多すぎればお世継ぎづくりの時間が割かれます。宮内庁のルーティンに任せておけば、悠仁親王殿下のお世継ぎづくりを最優先とするということなどなくなるでしょう。日本を滅ぼしたいスパイがいたとしても、何もせずに黙ってみておけば勝手に滅びかねません。

増えすぎたご公務の整理は、日本の未来にかかってきます。秋篠宮殿下は、「ご譲位を機会に公務のあり方を整理しなければいけない」と言った、としか解釈できません。殿下が仕事をさぼりたいと言ったとは、とうてい思えません。

上皇陛下が天皇でいらした平成時代、昭和天皇以上に全国を廻って国民との絆を守ることに励まれました。災害があれば足を運ばれました。ただでさえ「皇室などは税金を無駄遣いする穀潰し」などと言う人がいる中で、国際交流にも励まれました。昭和から平成はそうしたことが必要な時代でした。秋篠宮殿下は、それを再検討して整理する必要があるとおっしゃったわけです。

また、秋篠宮家がバッシングされる理由の一つに、お子様たちを学習院に行かせなかったからだという点を挙げる人もいます。そのことに何の問題があるのでしょうか。学習院は皇族、将来天皇陛下になる方も特別扱いしないのだとか。愛子内親王殿下が運動会で組体操の下の台になっている写真も公開されたことがあります。「愛子天皇」を求める方々は、それで良いと思っているのでしょうか。

本来ならば、昭和天皇の時のように「御学問所」が必要です。然るべき有識者を集め帝王学を学ぶ。学校などに行って一般人に交じるよりも、はるかに大事なはずだと私などは考えてしまいます。

今からでも遅くないので、御学問所の再興を考えた方が良いと思います。

「警告する権利」「激励する権利」「相談を受ける権利」

たかが三流週刊誌やインターネットの戯れ言と、片付けるわけにはいきません。事実、秋篠宮家へのバッシングは広がっているのですから。それも本来ならば皇室を貴ぶべき立場である保守層の人たちの中にも広がっています。

麗澤大学国際学部教授で憲法学を専門とする八木秀次氏は、「皇室の尊さは歴代天皇が神武天皇のY染色体遺伝子を継承していることにある」との奇説を述べたので有名です。それなどは「女帝にY染色体がありましたか？」で終了の議論です。高校生物のレベルの話で恐縮ですが一応言っておきます。もっとも皇室に関して、こういう程度の低い議論をするので、「男系継承を主張する論者は頭が悪い」と「女系容認論」に走る人もいるので困りものです。

その八木氏が『デイリー新潮』令和四（二〇二二）年一月二十一日配信の《悠仁さまが「即位拒否」の懸念も「小室問題」であらわになった「教育係の不在」と「晒される皇室」》とタイトルされた記事中、取材に答える形で、「〝開かれた皇室〟という風潮には、スマホやSNSの普及も大きく影響しています。この数年で、誰でも気軽に意見ができるようになり、皇室が身近なものになり過ぎてしまいました。畏れる存在という意識が、世間からなくなりつつあるように感じます」とした後、「そんな中で眞子さんは〝私〟を通したわけですが、皇室においてもっぱら個人のご意思が尊重されるような流れが定着してしまえば、これに続いて先々、悠仁さまが〝天皇になりたくありません〟と即位を拒否なさるようなことも、決してあり得ないとはいえません」と発言しています。八木氏の同趣旨の論説は令和三（二〇二一）年十一月二十一日付の産経新聞にも掲載されていました。

なぜ小室眞子さんが記者会見で八木氏の意に添わぬ発言をしたら、悠仁殿下が即位を拒否することになるのか。小室眞子さんは、わざわざ、皇族ではなくなって、一国民となった時点で初めて言論の自由を行使したのです。

天皇のみならず、皇族は義務だけあって権利がない存在です。日本国憲法が記す人権の中で完全に認められているのは、命を奪われない権利と心の中で何を考えても良い自由だけと言っても過言ではありません。他はまったく権利がないか、大きく制約されます。

八木氏は、悠仁親王殿下が即位を拒否したらどうするのか、と問題提起したいらしい。では、「自殺する権利」はありますが、それはどうお考えなのでしょう。八木氏は憲法学が専攻のようですが、「憲法十三条の幸福追求権には自殺をする権利が含まれる」と主張する学者もいます。事実の問題として、法律の条文や解釈がどうであろうと、本人が自殺するのを止める方法はありません。そして、長い皇室の歴史には自殺した天皇・皇族もいます。

憲法学の通説と政府の有権解釈は「天皇ロボット説」です。簡単に言えば、「天皇は内閣の言いなりで動くロボットである」との説です。皇族も然り。この説に立てば、天皇は憲法で言いなりにすることができる、拒否する自由は天皇にはない、と勘違いする気持ちもわからなくはありません。しかし、究極的には自殺する権利を否定できません。どんな制度であろうが、本人が拒否すれば実現しません。憲法も法律であり、法律は万能ではありません。そこに「天皇ロボット説」が加わった二重の誤謬（ごびゅう）です。

そもそも現行憲法下において、天皇はロボットではありません。誰もが知っている例を挙げると、平成二十三（二〇一一）年の東日本大震災の際、天皇陛下（現在の上皇陛下）は、「ビデオメッセージ」を発せられました。「激励権」の行使です。国民は大いに励まされました。政治に影響を及ぼしました。この時に、内閣の許可を取ったなどという話は聞いたことがありません。

なお、平成二十八（二〇一六）年の「ビデオメッセージ」を契機に、上皇陛下の御譲位が実現しました。その中身は、象徴天皇のありかたとして、「高齢でも国民との絆の為に尽くす気であるけれども、どのようなあり方がよいかを皆で考えてほしい」でした。結果、御譲位が実現しました。もっとも、当時の政府見解は「天皇の意思で実現したのではなく、国民の同意があった」と強調、「天皇ロボット説」を守ろうと必死でした（詳細は、小著『検証　内閣法制局の近現代史』光文社、二〇二二年を参照）。

世界の文明国の共通理解ですが、立憲君主は現実に政治に影響を及ぼして構いません。もちろん好き勝手に権力を振るうことは制限されますが、「警告する権利」「激励する権利」「相談を受ける権利」があると解釈されています。これは立憲政治の母国のイギリスの憲政史家であるウォルター・バジョット『英国憲政論』（初版は一八六七年。複数の翻訳あり）で説いたところです。同著でバジョットは「君主が政治に影響力を行使する方法」を詳述しています。ロボットどころではありません。

憲法典の条文に何を書こうが、止められないものは止められません。極端な話、条文に「子供を生め」と書いても生まれるわけではありません。私は憲法の範囲でお話ししますと最初に申しましたが、皇室は憲法だけででき上がっているわけではないですし、国民が憲法に「即位を拒否するな」と書いたところで、本気で拒否されたら阻止しようがないのです。

皇室の歴史と憲法の調和を考えねばならないから、皇位継承は難しいのです。

男系は直系に優先するのが皇室の伝統

もとより、秋篠宮家から皇位継承権を取り上げて良い、または取り上げるべき理由などありません。愛子天皇待望論については、秋篠宮バッシングの風潮に乗って「愛子天皇の誕生を」「女性天皇の容認を」と言っているだけであり、そこに他の理由はありません。菅義偉内閣が招集した「天皇の退位等に関する皇室典範特例法案に対する附帯決議」に関する有識者会議が最も重視した大前提は「男系男子による皇位継承」です。

悠仁殿下がお生まれになる前ならともかく、今は立派に御成長されているのですから、議論の余地なしです。悠仁殿下が即位された後、どのように皇位を継承させていくのかが、国政の最重要課題です。

有識者会議報告書の「皇族数確保の具体的方策」に挙げられている三方策は、①内親王・女王が婚姻後も皇族の身分を保持することとすること。②皇族には認められていない養子縁組を可能とし、皇統に属する男系の男子を皇族とすること。③皇統に属する男系の男子を法律により直接皇族とすること。これを見れば、それは明らかです。

皇室において大事なのは、「先例、男系、直系」です。先例が歴史として積み重ねられて、伝統となります。どの先例に倣うべきかの議論はあっても、絶対に守らねばならない先例が「皇位の男系継承」です。ただし、男系であれば誰でも良いわけではなく、男系の中でも直系を可能な限り大事にしようとの先例が積み重ねられてきました。しかし、直系を男系に優先させる議論は本末転倒を通り越して、日本の歴史の破壊です。

どうして愛子天皇を誕生させるまでして今上陛下の直系を守りたいのでしょうか。男系よりも直系を重視すれば愛子天皇の後には、今上陛下の子孫に皇位継承させるための困難があるだけなのです。

現在の皇位継承順位でいけば、今上陛下の後は年齢的に申し上げて秋篠宮殿下にいくかいかないかというところで、次の世代としては悠仁親王が天皇に即位されることは確定しています。その後は、秋篠宮家が皇位の直系となります。

「秋篠宮家に皇位を渡さない」「秋篠宮家から皇位継承権を取り上げる」ことを目指している人たちに申し上げたいのは、「壬申の乱をもう一度やりたいのですか？」「南北朝の混乱をもう一度やりたいのですか？」ということです。もちろん、現代において皇位継承をめぐって騒乱が起きるとは考えにくいのですが、穏やかに皇位継承問題を運びたいものです。

有識者会議の言い方を借りれば、悠仁親王殿下が七十歳の時にお子様がおられない場合にこんな議論などはできないのです。七十歳というのは、誰にでもわかるようにあえて言った年齢で、現実問題としては四十歳というところでしょう。四十歳の時にお子様がいらっしゃらないとなると、考えようがなくなるというのが大前提です。つまり、悠仁親王殿下が天皇になられた時には、今のままであれば皇族は一人もいなくなってしまうわけです。

何十年も先の話を今から必要とする皇室

皇族が一人もいなくなってしまうかもしれない危機にどう対応するか。

江戸時代中期の政治家に新井白石（一六五七～一七二五年）という人がいました。徳川六代将軍家宣と七代将軍家継の側近で、正徳の治と呼ばれる政治改革で知られています。

新井白石は宮家の創設を提言しました。当時、伏見宮、桂宮、有栖川宮の三宮家がありましたが、皇統の維持に危惧を覚えたわけです。新井白石の提言に添って、徳川幕府の財政援助のもと、宝永七（一七一〇）年に、第百十三代東山天皇の第六皇子である直仁親王を初代とする閑院宮家の創設が決定されました。

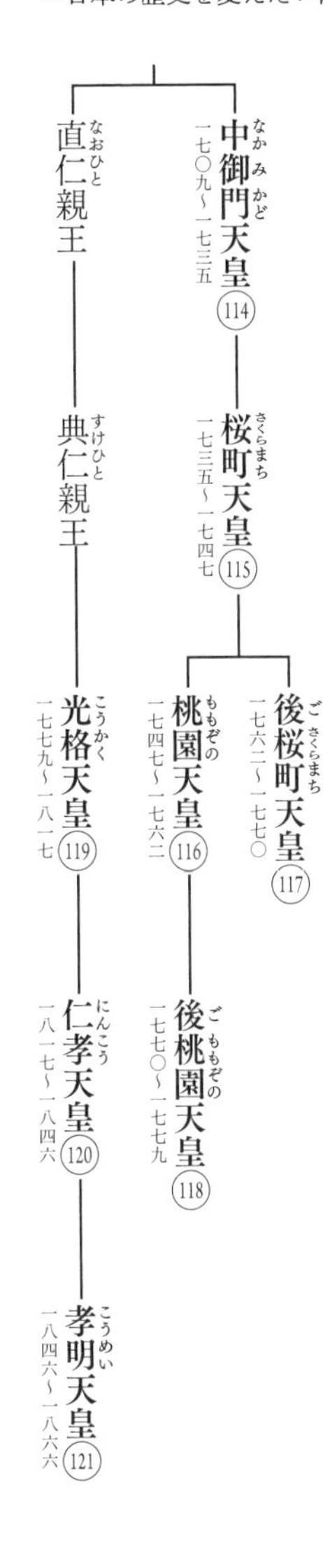

新井白石の危惧は六十年ほど後に現実のものとなります。第百十五代桜町天皇以降と第百十六代桃園天皇が病弱であられ、子供もなかなかお生まれにならないといったことがありました。桃園天皇が崩御した時、皇子はまだ幼少でした。そこで姉の後桜町天皇が第百十七代、女帝として即位して中継ぎとなり、皇太子となった皇子の成長を待って譲位して、第百十八代後桃園天皇の誕生となります。

後桃園天皇は残念ながら病弱でした。これでは皇室の直系が絶えてしまうかもしれない。どうすべきか、という議論が起きます。結果、閑院宮家に聡明な皇子がおられたので天皇になってもらおうということで誕生したのが、第百十九代光格天皇です。

皇室については何十年も先の話を今からやっておかなければならない、ということです。こうした努力が二千六百年続けられてきたから、皇統は保守されてきたのです。「皇族には認められていない養子縁組を可能とし、皇統に属する男系の男子を皇族とすること」「皇統に属する男系の男子を法律により直接皇族とすること」を具体的に検討すべきとした、菅内閣が創設した「天皇の退位等に関する皇室典範特例法案に対する附帯決議」に関する有識者会議の提言は評価されてしかるべきものでしょう。

倣うべき先例とは

皇室は先例に倣う世界です。今、皇族数の確保を目的として議論されている方策について、倣うべき先例という観点から見ていきましょう。

一、女系容認

悠仁親王殿下どころか愛子内親王殿下もまだこの世におられない時の議論ですから、女系容認の議論は、する必要のない終わった話です。そもそも先例がありません。女系を容認するということは、日本の歴史を変えるということです。

あえて言います。悠仁殿下の身に何かあった場合、女系容認論は再び蘇ってくるでしょう。小泉内閣の時代に「女系天皇」を容認した論者たちは、菅内閣では「今はする議論ではない」「男系継承の伝統は重い」と述べています（第二章参照）。

さらにあえて言いますが、女系天皇を実現するために、悠仁殿下の身に危害を及ぼす、あるいは即位辞退に追い込む陰謀にも備えるべきです。

秋篠宮家の警護が、他の皇族と同じで皇太子の厳重さになっていないのが気にかかります。何か起きてからでは取り返しがつきません。

一刻も早く、秋篠宮家の警護を厳重にすべきでしょう。

二、側室

男系継承は側室の制度がないと成り立たない、という議論をよく聞きます。男系継承派の言論人の中にも、側室制度を復活していいのではないかという人がいます。

結論から言えば、側室制度はあまり意味がありません。大前提として、子供が必ず生まれる技術が存在しないからです。

側室が何人いようが一人も子供を生まなければ意味がありません。そして、何十人の子供がいようとも、その子供たちが無事に成長するとは限りません。側室が認められていた時代においても、五世の孫の原則を守る限り、何世代か後には必ず皇室存続の危機が訪れています。

そもそも現代で、側室制度は運用できないでしょう。国内外の世論を敵に回してまでやる必要があるのか。

ただし、子供が必ず生まれる技術は存在しないものの、現代は、妊娠を支援する、あるいは不妊に対応する医療技術が発達しています。側室制度を復活させるより、ご公務を軽減してお世継ぎづくりを優先する方がよほど期待できます。そもそも配偶者探しをまず真面目にやった方がいいでしょう。そして、ご公務軽減です（この議論は、第二章を参照）。

三、女性宮家

「天皇の退位等に関する皇室典範特例法案に対する附帯決議」に関する有識者会議の報告書に記載された「皇族数確保の具体的方策」の一つに「内親王・女王が婚姻後も皇族の身分を保持することとすること」があります。

いわゆる「女性宮家」で、皇族が減少するから結婚した後も皇室に残っていいよ、という制度です。実は、この女性宮家というものには、明確な定義がありません。あえて定義しておくと、「宮家の当主が内親王であること」です。こう定義すると先例はあります。

ただし、世間では、そうした宮家が代々続くことを想定し、それを女性宮家と呼んでいるようです。しかし、女性が必ず宮家を継承していくのであれば、それは女性宮家ではなく、「女系宮家」であって、そんな先例はありません。女性宮家には先例がある、というのは、一代限りの女性宮が当主になった先例はある、ということです。

とはいえ、女性宮がいて女性宮家があり、女性の皇族がいたとしても、その配偶者が皇族か天皇でなければ皇位継承とは関係がない話です。

女性宮家の議論の中で、一つの仮定をお話しします。既に可能性がなくなった話なので、わかりやすく実名でお話しさせていただきます。

小室眞子さんが皇族の身分を保持した場合、二つの問題がありました。一つは、小室圭さんを皇族にしていいのか。もう一つは、圭さんを「殿下」と呼ぶことができるのか。

結論から言います。

眞子内親王が皇族のまま小室圭さんと結婚して、圭さんを准(じゅん)皇族にするというのは構いません。つまり、皇族にはしない、ということです。敬称を「殿下」にするのも構いません。しかし、「陛下」には絶対ならない、ということです。

圭さん本人はもちろんのこと、生まれた子供も皇族にはなれないし、皇位継承権はありません。つまり、たまたま民間人にならずに皇族の身分を保持したままの眞子さんがいるだけであって、それが女性宮家というものです。

つまり、女性宮家とは、皇位継承とは何の関係もない議論です。ご公務をサポートする以外の意味はありません。

もっとも、有識者会議の議論にあるように、たとえば皇族が一人もいなくなったら、日本国憲法の運用ができません。たとえば皇室会議です。皇室典範第五章「皇室会議」第二十八条第二項に、「議員は、皇族二人、衆議院及び参議院の議長及び副議長、内閣総理大臣、宮内庁の長並びに最高裁判所の長たる裁判官及びその他の裁判官一人を以て、これに充てる」とあります。このまま行くと、悠仁親王殿下が皇太子になった時には皇族がいなくなります。

これはあくまで一例ですが、何もしないと悠仁殿下が即位された時、皇族は誰もいなくなり、皇室会議すら開けなくなります。別の言い方をすれば、日本国憲法の破綻です。もちろん、その日本国憲法と共存してきた皇室の危機です。

四、旧皇族の男系男子孫の皇籍取得
菅内閣招集の「天皇の退位等に関する皇室典範特例法案に対する附帯決議」に関する有識者

会議は、「皇族には認められていない養子縁組を可能とし、皇統に属する男系の男子を皇族とすること」「皇統に属する男系の男子を法律により直接皇族とすること」を検討すべき方策として挙げています。

つまり、旧皇族の男系男子孫の皇籍身分取得、です。

前者はどなたかの養子になる。上皇陛下、天皇陛下、秋篠宮殿下のいずれかの方々です。後者は、直接皇族となる。いずれにしても、今上陛下より「親王宣下」を賜ることになります。

戦後の占領期に皇籍離脱を余儀なくされた結果、三代経って、本来ならば皇族の方々が民間人としておられます。本来は皇族としてお生まれになるべきだったはずの人々に親王宣下をするのはどうか、ということです。

私は「元皇族」と「旧皇族」という言葉を、意味を分けて使っています。元皇族というのは、一時期は皇族であったけれども民間人になられた方です。旧皇族というのは、本来は皇族として生まれるべきだった人が民間人としてお生まれになって今に至っている方です。

皇籍離脱を余儀なくされた旧皇族家（昔の言い方だと伏見宮系統）には、男系男子がおられるということです。有識者会議は二つの方法を提言していますが、いずれにしても本来ならば皇族として生まれるべきだった方々に親王宣下していただくことが、この案です。

大事なのは、昨日まで国民だった方々が今日皇族になり、明日天皇になる話を前提としないことです。その方々の次の世代の方々が、生まれた時から皇族としてお育ちになる。そして、今の皇室の直系に近い方々とご結婚をすればなお直系に近くなる、といった解決策が主眼です。

ここに、皇位継承問題の神髄があります。

第三章 補講 学んでおくべき資料

《平成三十年十一月二十二日秋篠宮殿下記者会見》抜粋1

（記者） 殿下にお尋ねいたします。お代替わりに関する日程や規模について、いろいろ宮内庁の方でも発表があり、決まりつつありますが、先ほど殿下には皇嗣となられる公務の在り方についてのお考えをお聞きしましたが、即位の行事や儀式についてもお考えがあればお聞かせいただきたく思います。

（殿下） 行事、そういう代替わりに伴う行事で、いわゆる国事行為で行われる行事、それから皇室の行事として行われるものがあります。国事行為で行われるものについて、私が何かを言うことができるかというと、なかなかそういうものではないと思います。そういうものではないんですね。一方、皇室の行事として行われるものについてはどうか。これは、幾つかのものがあるわけですけれども、それについては、ある程度、例えば私の考えというものもあっても良いのではないかなと思っています。

（記者） 具体的に。

（殿下） 具体的にもし言うのであれば、例えば、即位の礼は、これは国事行為で行われるわけです、その一連のものは。ただ、大嘗祭については、これは皇室の行事として行われるものですし、ある意味の宗教色が強いものになります。私はその宗教色が強いものについて、それを国費で賄うことが適当かどうか、これは平成のときの大嘗祭のときにもそうするべきではないという立場だったわけですけれども、その頃はうんと若かったですし、多少意見を言ったぐらいですけれども。今回も結局、そのときを踏襲することになったわけですね。もうそれは決まっているわけです。ただ、私として、やはりこのすっきりしない感じというのは、今でも持っています。整理の仕方としては、一つの代で一度きりのものであり、大切な儀式ということから、もちろん国もそれについての関心があり、公的性格が強い、ゆえに国の国費で賄うということだと。平成のときの整理はそうだったわけですね。ただ、今回もそうなわけですけれども、宗教行事と憲法との関係はどうなのかというときに、それは、私はやはり内廷会計で行うべきだと思っています。今でも。ただ、それをするためには相当な費用が掛かりますけれども。大嘗祭自体は私は絶対にすべきものだと思います。ただ、そのできる範囲で、言ってみれば身の丈にあった儀式にすれば。少なくとも皇室の行事と言っていますし。そういう形で行うのが本来の姿ではないかなと思いますし、そのことは宮内庁長官などにはかなり私も言っているんですね。ただ、残念ながらそこを考えること、言ってみれば話を聞く耳を持たなかった。そのことは私は非常に残念なことだったなと思っています。

《平成三十年十一月二十二日秋篠宮殿下記者会見》抜粋2

(問1) 殿下にお伺いします。殿下は来年5月の代替わりに伴い、皇位継承順位第1位の皇嗣となられます。新たなお立場への抱負をお聞かせ下さい。公務の在り方や分担について新天皇となられる皇太子さまとどのような話し合いをされ、殿下がどのようにお考えになられているのか、あわせてお聞かせください。

(殿下) 最初の抱負ということについてですけれども、私は今まであまり抱負ということは、語ることは、口に出して言うことはありません。ただ、何かの節目というよりも、折々にその抱負のようなものを考えることというのはあります。これは、抱負になるのかどうかは分かりませんけれども、これからも様々な公的な仕事をする機会があります。時として、例えば毎年のように行われているものなどについては、どうしても、前年度とか、その前の機会と同じようにすればいいと思いがちです。これは私自身もそうなんですけれども、やはり、それら一つ一つを、その都度その都度考えながら、自分の仕事、若しくは務めを、進めていくようにしたいと思っています。あと、公務そのものについては、これは、例えば、天皇が海外、外国訪問中とかには臨時代行ということをするわけですね。私は今までそれをしたことがありません。今の皇太子殿下は、昭和時代に一度その経験があるわけです。私はしたことがありませんけれども。今後はそういう機会は、必ず出てまいります。一方、公的な活動について、来年の5月以降、今まで皇太子殿下が行ってきたものというのが、今度は天皇になられると、それを併せてするということはできなくなります。一方、これは昨年のこの場でもお話をしましたが、私も自分で行っていることがあります。総裁とか名誉総裁をしているものもあります。それらをそっくり誰かに今度は譲る、引き渡すということ、これも、それを受ける先はありません。そのようなことから、今、宮内庁として考えていることは、一旦全て皇太子殿下のお仕事を宮内庁の方で引き取って、それを整理をして、それで次に私がどのものをその後行っていくか、というのを検討しているところです。おそらくそれはそう遠くないうちに、発表されるのではないかと思っています。また、在り方については、公的な活動については、今お話ししたようなことについての了解を皇太子殿下と取った、ということです。在り方というものについては、恐らく、今後もっといろいろ話をしていかなければいけないんでしょうけれども、分担というか、今の皇太子殿下と私のものというのは、ある程度こう今お話ししたように分かれるわけですが、例えば宮中で行われる行事等については、それは平成の時代にも、行い方が変わったり、今の両陛下が変えられたものもあるわけです。そういうものについては随時話合いを、既にしているものもありますが、(今後も) していく必要があろうかと考えています。

(宮内庁ウェブサイトより)

《御学問所（おがくもんじょ）》

御学問所は、近世になって清涼殿から独立した建物。親王宣下などの重要な儀式が行われた。現在の建物は小御所の北にある。

それとは別に、大正三（一九一四）年に東京高輪にあった東宮御所の一角に設けられた、裕仁皇太子（後の昭和天皇）と五人のご学友のための建物。同十年まで存続。

以下のように各界から有識者が集められ、皇太子とご学友の教育に当たった。

倫理	杉浦重剛（日本中学校校長）
歴史	白鳥庫吉（東大兼学習院教授）
地理	石井国次（学習院教授）
法制	清水澄（行政裁判所評定官）
国語・漢文	飯島忠夫（学習院教授）
博物	服部広太郎（学習院教授）
理化学	和田猪三郎（東京高師教授）
数学	石井国次（学習院教授）

フランス語	土屋正直（東宮侍従）ほか二名
習字	日高秩父（内大臣秘書官）
美術	瀧精一（東大教授）
武課体操	加藤真一（陸軍中尉）
馬術	根村当守（軍馬監）

白鳥庫吉『昭和天皇の教科書 国史』
（所功解説、勉誠出版、平成二十七年）
七三三頁

《皇族の人権》

日本国憲法が認める「人権」とは国民の権利である。天皇・皇族は人権享有の例外であり、大きく制限される。これが憲法学の圧倒的多数説である。実務においても天皇・皇族には戸籍が存在せず、皇統譜があるのみである。特に天皇・太皇太后・皇太后・皇后を記した大統譜とその他の皇族を記した皇族譜から成る。結婚により皇族となる女性は、戸籍がなくなり、皇統譜に記される。

具体的には、以下のように人権は制約される。

条文	人権規定	実際
13条	生命自由幸福追求権	生命は保障される。自由は各条で解説のように制約。幸福追求権（プライバシー権など）は大きく制約される。
14条	法の下の平等	例外とされる。
15条	公務就任権	なし。
16条	請願権	なし。
17条	国及び公共団体の賠償責任	なし。
18条	苦役からの自由	24時間365日監視下の生活。

条	権利	制約
19条	内心の自由	制約しようがない権利なので自由。
20条	信教の自由 宗教活動の自由	制約される。神社の参拝などに関しては、内閣法制局の見解に従わねばならない。
21条	表現の自由	大きく制約される。自由に行使できない。
22条	居住移転職業選択の自由 国籍離脱の自由	なし。
23条	学問の自由	「私的行為」として認められる。
24条	婚姻の自由	なし。配偶者選びに、ある程度の意向は反映されるが、皇室会議の議決が必要。
25条	生存権（人間らしく生きる権利）	品位を保つための財産は、国会の議決を経て認められる。
26条	教育を受ける権利	ある程度の意向は反映される。
27条	勤労の権利	なし。
28条	労働争議権	なし。
29条	財産権	国会の議決の下で、認められる。
30条	納税の義務	あり。
31～40条	人身の自由	そもそも、刑事裁判を受ける状態が想定できないほど、行動の自由がない。

《自殺した天皇・皇族》

第三十九代弘文天皇は六七二年、大海人皇子に壬申の乱で敗れ、縊死（いし）している。

第五十代桓武天皇は、皇太子に同母弟の早良親王を立てた。しかし、謀反の嫌疑が親王に及び、廃太子とする。親王は絶食により無実を訴えたが、延暦四（七八五）年に死に至る。ちなみに早良親王は怨霊と化したと人々に怖れられ、桓武天皇から「崇道天皇」の尊号を贈られた。

《天皇ロボット説》

日本国憲法第一章は天皇の規定である。条文は以下の通り。

第一章　天皇

第一条　天皇は、日本国の象徴であり日本国民統合の象徴であつて、この地位は、主権の存する日本国民の総意に基く。

第二条　皇位は、世襲のものであつて、国会の議決した皇室典範の定めるところにより、これを継承する。

第三条　天皇の国事に関するすべての行為には、内閣の助言と承認を必要とし、内閣が、その責任を負ふ。

第四条　天皇は、この憲法の定める国事に関する行為のみを行ひ、国政に関する権能を有しない。

②　天皇は、法律の定めるところにより、その国事に関する行為を委任することができる。

第五条　皇室典範の定めるところにより摂政を置くときは、摂政は、天皇の名でその国事に関する行為を行ふ。この場合には、前条第一項の規定を準用する。

第六条　天皇は、国会の指名に基いて、内閣総理大臣を任命する。

②　天皇は、内閣の指名に基いて、最高裁判所の長たる裁判官を任命する。

第七条　天皇は、内閣の助言と承認により、国民のために、左の国事に関する行為を行ふ。

一　憲法改正、法律、政令及び条約を公布すること。

二　国会を召集すること。

三　衆議院を解散すること。

四　国会議員の総選挙の施行を公示すること。
五　国務大臣及び法律の定めるその他の官吏の任免並びに全権委任状及び大使及び公使の信任状を認証すること。
六　大赦、特赦、減刑、刑の執行の免除及び復権を認証すること。
七　栄典を授与すること。
八　批准書及び法律の定めるその他の外交文書を認証すること。
九　外国の大使及び公使を接受すること。
十　儀式を行ふこと。

第八条　皇室に財産を譲り渡し、又は皇室が、財産を譲り受け、若しくは賜与することは、国会の議決に基かなければならない。

当然だが、どこにも「天皇はロボットである」とは書いていない。
通説で争いがないところでは、天皇の行為は「国事行為」「公的行為」「その他の行為」に分類される。国事行為は憲法に規定された行為で「内閣の助言と承認」を要する（第三条）。国政に対する権限は保持しない（第四条）。公的行為とは象徴として行う幅広い皇位のことで、「範囲を決めるのは困難」とされる（昭和五十年衆議院内閣委員会内閣法制局長官答弁）。国会開会式のお言葉、外国との親善、国民体育大会や被災地などへの行幸などがあげられる。すべて儀礼的な内容である。その他の行為は、「私的行為」とも呼ばれる。天皇の行為のうち、国事行為と公的行為に入らない行為のすべてである。祭祀行為も含まれる。

東大法学部教授だった宮澤俊義（一八九九〜一九七六年）は「天皇ロボット説」を唱え、学界の通説となった。さらに、吉國一郎内閣法制局長官（一九七二〜一九七六年に在任）の時代に、政府見解ともなった。この過程は複雑なので、詳細は小著『東大法学部という洗脳』（ビジネス社、二〇一九年）、『検証　内閣法制局の近現代史』（光文社、二〇二二年）を参照。

宮澤がこのような説を唱えたきっかけは、吉田茂の抜き打ち解散である。時の首相の吉田は、政敵の鳩山一郎を出し抜こうと、鳩山派が選挙準備をする前に自派のみ準備、閣議すら開かず数名の閣僚の署名のみで夜半に宮中に参内、天皇の御名御璽（ぎょめいぎょじ）を要求した。こうした過程を宮澤は「なんらの実質的な権力をもたず、ただ内閣の指示にしたがって機械的に『めくら判』をおすだけのロボット的存在にすることを意味する」と評した（宮澤俊義『法律体系本編コンメン

タール篇 日本国憲法』日本評論新社、一九五五年、七六頁)。

現在でも「内奏」は行われており、天皇は大臣に対して自身の意見を述べることはできるし、その結果として国政に影響が出ても大臣の責任である。

後述するバジョット流の立憲君主制は、世界のほとんどの国が採り入れているが、我が国は憲法学の通説においても実務においても、天皇ロボット説が主流である。

このように大いに疑問にある「天皇ロボット説」の発想で、皇位継承問題を語る時点でいかがなものであろうか。

《平成二十八年八月八日玉音放送
象徴としてのお務めについての天皇陛下のおことば》

本文では「ビデオメッセージ」と書いたが、天皇陛下が自らの声を放送に載せ重大事を国民に訴えられたのであるから、本来ならば「玉音放送」と呼ぶべきである。また宮内庁ホームページの件名より文書名を付した。そして以下の原文に基づいて、「高齢でも国民との絆の為に尽くす気であるけれども、どのようなあり方がよいかを皆で考えてほしい」と要約した。

戦後70年という大きな節目を過ぎ、2年後には、平成30年を迎えます。

私も80を越え、体力の面などから様々な制約を覚えることもあり、ここ数年、天皇としての自らの歩みを振り返るとともに、この先の自分の在り方や務めにつき、思いを致すようになりました。

本日は、社会の高齢化が進む中、天皇もまた高齢となった場合、どのような在り方が望ましいか、天皇という立場上、現行の皇室制度に具体的に触れることは控えながら、私が個人として、これまでに考えて来たことを話したいと思います。

即位以来、私は国事行為を行うと共に、日本国憲法下で象徴と位置づけられた天皇の望ましい在り方を、日々模索しつつ過ごして来ました。伝統の継承者として、これを守り続ける責任に深く思いを致し、更に日々新たになる日本と世界の中にあって、日本の皇室が、いかに伝統を現代に生かし、いきいきとして社会に内在し、人々の期待に応えていくかを考えつつ、今日に至っています。

そのような中、何年か前のことになりますが、2度の外科手術を受け、加えて高齢による体力の低下を覚えるようになった頃から、これから先、従来のように重い務めを果たすことが困難になった場合、どのように身を処していくことが、国にとり、国民にとり、また、私のあとを歩む皇族にとり良いことであるかにつき、考えるようになりました。既に80を越え、幸いに健康であるとは申せ、次第に進む身体の衰えを考慮する時、これまでのように、全身全霊をもって象徴の務めを果たしていくことが、難しくなるのではないかと案じています。

私が天皇の位についてから、ほぼ28年、この間私は、我が国における多くの喜びの時、また悲しみの時を、人々と共に過ごして来ました。私はこれまで天皇の務めとして、何よりもまず国民の安寧と幸せを祈ることを大切に考えて来ましたが、同時に事にあたっては、時として人々の傍らに立ち、その声に耳を傾け、思いに寄り添うことも大切なことと考えて来ました。天皇が象徴であると共に、国民統合の象徴としての役割を果たすためには、天皇が国民に、天皇という象徴の立場への理解を求めると共に、天皇もまた、自らのありように深く心し、国民に対する理解を深め、常に国民と共にある自覚を自らの内に育てる必要を感じて来ました。こうした意味において、日本の各地、とりわけ遠隔の地や島々への旅も、私は天皇の象徴的行為として、大切なものと感じて来ました。皇太子の時代も含め、これまで私が皇后と共に行って来たほぼ全国に及ぶ旅は、国内のどこにおいても、その地域を愛し、その共同体を地道に支える市井の人々のあることを私に認識させ、私がこの認識をもって、天皇として大切な、国民を思い、国民のために祈るという務めを、人々への深い信頼と敬愛をもってなし得たことは、幸せなことでした。

天皇の高齢化に伴う対処の仕方が、国事行為や、その象徴としての行為を限りなく縮小していくことには、無理があろうと思われます。また、天皇が未成年であったり、重病などによりその機能を果たし得なくなった場合には、天皇の行為を代行する摂政を置くことも考えられます。しかし、この場合も、天皇が十分にその立場に求められる務めを果たせぬまま、生涯の終わりに至るまで天皇であり続けることに変わりはありません。

天皇が健康を損ない、深刻な状態に立ち至った場合、これまでにも見られたように、社会が停滞し、国民の暮らしにも様々な影響が及ぶことが懸念されます。更にこれまでの皇室のしきたりとして、天皇の終焉に当たっては、重い殯の行事が連日ほぼ2ヶ月にわたって続き、その後喪儀に関連する行事が、1年間続きます。その様々な行事と、新時代に関わる諸行事が同時に進行することから、行事に関わる人々、とりわけ残される家族は、非常に厳しい状況下に置かれざるを得ません。こうした事態を避けることは出来ないものだろうかとの思いが、胸に去来することもあります。

始めにも述べましたように、憲法の下、天皇は国政に関する権能を有しません。そうした中で、このたび我が国の長い天皇の歴史を改めて振り返りつつ、これからも皇室がどのような時にも国民と共にあり、相たずさえてこの国の未来を築いていけるよう、そして象徴天皇の務めが常に途切れることなく、安定的に続いていくことをひとえに念じ、ここに私の気持ちをお話しいたしました。

国民の理解を得られることを、切に願っています。

《バジョットが説いた立憲君主のありかた》

ウォルター・バジョット（一八二六～一八七七年）は、イギリスの評論家。『エコノミスト』誌の編集長。バジョットの『The English Constitution』は、英国憲法において『権威書』とされる。同書の邦訳は以下の通り。

竹越与三郎、岡本彦八郎共訳『英国憲法之真相 第1巻 バジョット』（岡本英三郎、一八八七年）

深瀬基寛訳『英国の国家構造』（清水弘文堂書房、一九六七年）

小松春雄訳『イギリス憲政論』（『世界の名著60 バジョット／ラスキ／マッキーヴァー』所収、中央公論社、一九七〇年。二〇一一年に「中公クラシックス」で改訂版）。

君主は、司法・立法・行政（外交）と次々と権限は手放したが、権利がないわけではない。賢明な君主ならば「警告する権利」「激励する権利」「相談を受ける権利」を行使すれば、国政に影響を及ぼすことができる。これらは権利であって権限がある発言ではなく、大臣には聞く義務はない。責任は大臣が負えばよいと説いている。

明治の日本人は基本的にバジョットの説く内容を受容、大日本帝国憲法の条文と運用は、イギリスと同じような立憲君主制となった。

我が国の場合は、昭和期の二・二六事件や終戦の御聖断のように、政府機能が麻痺した際は自ら事態を収拾、政府機能を回復させた。二・二六事件では軍の青年将校が政府高官を暗殺、政府が機能不全に陥った際に鎮圧の方針を命じた。終戦の直前の御前会議はポツダム宣言の受諾をめぐり政府と軍が対立、意思決定できなかったが、昭和天皇の御聖断で受諾に決した。

帝国憲法下においては、天皇は政治への介入に極めて抑制的であった。明治天皇は、政治的な発言をしているが、最終的には権限と責任を有する元老や大臣たちに従っている。大正天皇は病気がちで発言の機会がほとんどなかった。昭和天皇も多くの政治的発言を残しているが、明確に権限を行使したのは二・二六事件と終戦の御聖断の二回だけである。

しばしば、嘘の上奏を繰り返した田中義一首相に対し不信任の意を漏らし、恐懼した田中が辞表を提出、ほどなくして死去したことから、立憲君主として抑制的になったと引用される。その田中の事例にしても、昭和天皇の発言（その内容が正確にはどのようなものであろうが）には権限も責任もなく、よって田中には総辞職しなければならない義務はない。

イギリスにおいても、国王が政治的機能不全の収拾に乗り出した事例はある。昭和天皇と同時代の一九三一年、世界大恐慌に際して時の政府は有効な手だてを打てず、ラムゼイ・マクドナルド首相と閣僚たちは、与党労働党から除名される羽目に陥った。少数派に転落したマクドナルド内閣を、野党の保守党と自由党が支え、総選挙の結果は保守党が圧倒的な第一党となったが、首相はマクドナルドのままだった。総選挙の結果により得られた議会の多数が首相を決するとするイギリス憲法において、異常な事態である。しかも、この政治的過程で国王ジョージ五世は積極的にマクドナルド内閣の存続に尽力した。一連の国王の行動はUnconstitutional

（イギリスには統一的憲法典がないので、「非立憲」が適切な訳。日本語の感覚だと違憲）だとの指摘もある。だがイギリスにおいては、単独過半数を制する与党がない状態を「Situation near the revolution（革命に近い状態）」とする。政府機能が麻痺したと判断する段階は、日本より早い。

日英いずれも君主は、平時は儀式を行う存在であるが、国が亡びるような危機においては、危機から平時を回復する存在である。ロボットであるならば、このような行為は不可能である。日本国憲法は、そもそも政府機能が麻痺した状態を想定しているかすら疑問であるので、立憲君主制として過去の日本やイギリスや比較しようがない。

《Y染色体遺伝子？》

平成十七（二〇〇五）年、まさに小泉内閣が女系天皇容認に舵を切っていた時期。八木秀次氏が、「神武天皇以来のY染色体を継承できないから皇位継承は男系でなければならない」という論を唱えたことがある。当時、超党派の保守系議員でつくられた日本会議国会議員懇談会が国会内で開いた皇室典範改正問題に関する第二回勉強会という会合で議論されたことが新聞報道等で話題になった。

人間の染色体において、男性だけが持つY染色体は性別を左右する重要な役割を果たす。Y染色体を持つ精子が受精すると男子が生まれ、X染色体を持つ精子が受精すると女子が生まれる。男性の性染色体はXY型で、女性はXX型である。受精の際、Y染色体においてはX染色体との遺伝子の交流はない。このY染色体の特徴をもって、男系継承を説明しようという論である。

Y染色体が天皇の必須条件であるならば、先例として存在する女帝はどうなるのか、という疑問でこの議論は終了する。

そもそも、皇室の歴史はアルファベットより古い。皇室の尊さを語るのに、「Y」「染色体」「遺伝子」などを持ち出す必要はない。

《側室制度》

たとえば第五十二代嵯峨天皇には五十人の子供がおり、二十三人の皇子つまり男系男子の子供がいたが、数代後には直系が途絶える危機に陥っている。第五十九代宇多天皇は嵯峨天皇の曾孫にあたるが、皇籍復帰により即位した天皇となった。皇統断絶の危機において、新儀が行われた。

また、江戸時代の第百八代後水尾天皇には計三十七人の子供、十九人の皇子がいたが、第百十六代桃園天皇の頃から直系の皇位継承者がいなくなって危機となり、閑院宮家から迎えた第百十九代光格天皇の誕生となる。

古来、皇室においては子供が多すぎても皇位継承は不安定になるので臣籍降下させるが、子供が少なくなると宮家から傍系継承させるなどの知恵をもって乗り切ってきた。なお、臣籍降下は皇室の財政問題を理由とする。

幼児死亡率が高かった時代ならいざ知らず、現代においては有害でしかない。

《女性宮家の先例》

幕末の文久二（一八六三）年に、淑子内親王が桂宮家を継承した例がある。厳密に言えば内親王が既存の宮家を継いだだけであって女性宮家ではない、ましてや女性宮家の創設とは言えないという議論もある。そう言えなくはないが、そこまで厳密にすると何も先例にできない。そもそも、皇室は先例を杓子定規に運用するのではなく、准じる形で時代に合わせてきた。淑子内親王の場合を女性宮家の先例にして良いだろう。

ただ、淑子内親王におかれては婚約者が亡くなり、結局、誰とも結婚せずに桂宮家は断絶した。女性宮家は決して吉例とは言えない。

そもそも女性宮家は皇位継承とは関係のない話であるから、無理やり採る方策ではない。「さあや」のニックネームで知られる紀宮清子内親王は、平成十七（二〇〇五）年に結婚されて黒田清子さんとなられた後、平成二十四年四月から平成二十五年十月まで伊勢神宮の臨時祭主を務められた。皇族を離れても伊勢の斎宮を務めてくださっているのである。

無理やり女性宮家を創設するくらいなら、旧皇族の方々、伏見宮系統の男系男子孫に対して親王宣下した方がよほど効果は高いだろう。男子に伊勢の斎宮はできない代わりに、皇室会議への出席に性別は関係ないので、ならば女子に出席してもらえばよいという考え方もできる。重ねて言っておくが、こうした議論は、男女平等問題とは関係がない。

《准皇族》

前近代に、「准后」という制度があった。太皇太后、皇太后、皇后に准ずるので、准三宮あるいは准三后とも言う。南北朝時代の公家で『神皇正統記』を記した北畠親房（一二九三〜一三五四年）や室町幕府十五代将軍足利義昭（一五三七〜一五九七年）などが准后となっている。つまり、皇族に准ずる扱いという制度は先例としてある。ただし、「准」があるのとないのとではまったく意味が違うのは当然であり、本人もその子供も皇族にはなれない。

なお、「殿下」は、中世には摂政関白、異例だが時に将軍への敬称として用いられた。たとえば豊臣秀吉は「太閤殿下」と呼ばれた。准后にしても太閤殿下にしても、もちろん皇族ではない。

幕末に関白を務めていた鷹司政通（一七八九～一八六八年）は関白を辞した後、特旨で太閤と称された。鷹司太閤も殿下である。

日本の歴史において一般人だった人間を殿下と呼ぶことについては先例がいくらでもあり、問題はない。

一方、民間人の女性が皇室に入られて皇后となられた場合には、皇后「陛下」となる。つまり、むしろ民間人の女性は優遇され、皇族と同じ扱い、皇族そのものの扱いを受ける。一方、一般の男子は絶対に「准ずる」までにしかなれない。皇室に関する議論に男女平等やジェンダー平等を持ち込むことがいかに愚かな話か。

なお、民間人と結婚して皇族の身分を保持した先例として、徳川十四代将軍家茂に嫁いだ和宮親子内親王の例がある。和宮親子内親王は内親王の身分のまま家茂と結婚した。家茂は征夷大将軍ではあるが臣下（つまり一般人）である。ただし、皇族の配偶者であるということで殿下として扱われた。もちろん、そこには、仮に子供ができたとしても男女問わず皇族になれないし、皇位継承権はないという厳密な運用があった。

第四章

「旧皇族の男系男子孫の皇籍取得」と「一般人が皇族になる」の比較

単純な手口で皇位を奪おうとした弓削道鏡の失敗

ここまで何度も繰り返してきましたように、皇室は「先例」を貴ぶ世界です。

余談ですが、私は大学時代に日本中世史の授業で、「皇室は先例を貴ぶ世界、新儀は不吉」と習いました。「田は米を作る所、畑は野菜を作る所と言うのと同じくらい、当たり前の事実」との文脈で習いました。その先生は「天皇制廃止」を思想信条とする方でしたが、学問に思想を持ち込まれない方でした。

だから、先例を無視する。あるいは、軽く「先例を乗り越えて皇室があるのだ」などと言ってのける方は、皇室について何も知らないか、知っていて嘘を言っているか、どちらかなのでしょう。

皇室において、最も大事な先例は、皇位の男系継承です。神武天皇の伝説以来、二千六百八十三年間一度も例外はありません。この本で言いたいことはただ一つ、「どのようにして日本の歴史を続けるのか」です。皇位の男系継承を続けるとは、日本の歴史を続けるということです。

では、どのように男系継承を続けるのかの前に、逆に、「どのようにしたら、皇室が滅びるのか」

について お話ししたいと思います。

我が国の歴史において、皇位簒奪の目論見は何度かありました。教科書に出てくる有名な話ですと、弓削道鏡です。道鏡の皇位簒奪計画の手口は簡単で、宇佐神宮の神託があったとして、つまり神様の意思だと主張して天皇になろうとしましたが、和気清麻呂が「君臣の別をつけよ」と神託の真意を確認したので、阻止できました。

現代にも「男女平等だから、皇位は男女関係なく長子相続にすべきだ」と主張するのは、弓削道鏡が「神意だ」と主張したのと同じようなものでしょう。

先例を熟知し乗り越えた足利義満の手口

もう一人、室町幕府三代将軍・足利義満も皇位簒奪に肉薄しました。自ら天皇になろうとしたのではないので、より正確には「皇室乗っ取り」です。義満のやり口は、非常に手が込んでいました。

義満は反抗的な大名たちを武力で鎮圧して最高権力を握るだけでは飽き足らず、形式的にも日本国の最高権威を手中にしようとしました。手始めに時の治天の君であった後円融上皇を廃人同様に追い詰め、南北朝合一で南朝から皇位の証である三種の神器を巻き上げ、何十年もかけて天皇が形式的に持っていた権威すら奪っていきます。

ちなみに、後円融上皇を叩きのめす過程で、上皇のスキャンダルが「京雀」を通じて広がりました。京雀とは、真偽不明の噂話を喜んでいる人たちのことです。もちろん義満の差し金に決まっているのですが、「義満に後宮を荒らされ、側室を次々と寝盗られ、あげくに正妻にDVを働いたあげく間男の義満を恐れて自殺未遂をはかった」などという話が広まって、上皇は笑い者にされました。徹底的に追い詰められました。今のＹａｈｏｏ！のコメント欄で秋篠宮家に対し好き勝手を言っている連中、この時代の京雀を思い出して仕方ありません。

本題に戻ります。

義満は皇室の先例に詳しく、公家の有職故実を熟知していました。有職故実とは、先例に基づいた儀式のやり方、今風に言えば法規先例のことです。皇室は先例によってでき上がっている世界です。しかし、先例を杓子定規に再現するのではなく、「准じる」やり方で時代に合わせて変化させるけれども、大枠は外さない、というやり方です。

たとえば、天皇の代行者の地位には「摂政」があり、皇族しか就けない地位でした。天皇が女性だった推古天皇の時代に摂政だった聖徳太子は有名ですが、やがて天皇が幼少の際の代行者としての役割が定着します。この地位に、人臣である藤原氏が就けるようになります。平安時代になると、「摂政の前官礼遇」として関白の地位が生まれ、やがて成人した天皇の後見人の役割を得ます。

第五十代桓武天皇までの天皇は、政治の最高実力者でした。それが病弱で短期政権だった第五十一代平城天皇を経て、第五十二代嵯峨天皇以降は「立憲君主」のような存在になっていきます。嵯峨天皇以降の百年で天皇は政治の実権を手放し、藤原氏による摂関政治が到来します。仮に天皇が政治の最高権力を握り続けたら、歴代権力者の誰かがその地位を奪ったかもしれません。外国では、権力を手放さない君主の地位を奪う歴史です。ところが日本の天皇は権力を持たないがゆえに、その地位を奪われることはありませんでした。

このように「准じる」形で先例を柔軟に時代に合わせてきたので、皇室は残ってきたのです。唯一、実質的権力に満足せず、形式的な権威をも奪おうとしたのが、足利義満です。義満は、皇族・天皇・上皇しかできないことを自らが「准じる」形で、乗り越えていきます。

武力や財力のような実質的な力を持つ最高権力者が、先例を踏まえ大枠を壊さないので、皇室を守るべき公家には抗う術（すべ）がありません。最後は、自らを法皇に准じさせ、妻を准母（じゅんぼ）として冊立。息子の義嗣を親王の形式で元服させます。この頃になると義満は、自らが治天の君であるかのように振る舞い、誰も咎（とが）めだてできない存在と化しています。もはや、息子の義嗣（よしつぐ）を天皇にするのは時間の問題となったところで、義満は急死しました。

死後に朝廷から「鹿苑院太上法皇」の尊号が贈られましたが、幕府は辞退しました。生きたまま皇族になった民間人はいませんが、死後まで含めれば義満は唯一の例外です。

義満が何をやったかを仔細に研究すれば、「皇室の乗っ取り方」がわかります。すなわち、皇室は杓子定規に先例を踏襲してきた世界ではないがゆえに、そこに付け入る隙がある。守る側がよほど心得ていなければ、守り切れないのです。義満は先例を熟知し、乗り越えました。

だから、「どの先例に倣うか」だけではなく、どこまでは変えて良いかと、絶対に変えてはならないものを、しっかりと吟味しなければならないのです。

「女系論」が皇室の伝統を破壊するといっても、弓削道鏡のように力任せに押し切ろうとする単純なやり方をする人もいれば、義満のように先例を熟知して主張している人の、両方がいるのです。

先例は杓子定規に踏襲するのではなく、先例に准じる形で時代に合わせて変化させ、大枠を外さないようにする。

これを意識して、以下のお話をお聞きください。

「旧皇族の男系男子孫の皇籍取得」への五つの反論

前章で、悠仁殿下がご即位された時代に備えるには、「伏見宮系統の本来ならば皇族としてお生まれになるはずだった方々に親王宣下していただくべきだ」と、お話ししました。菅内閣における有識者会議の報告書の表現を借りれば、「旧皇族の男系男子孫の皇籍取得」です。

この方策に対しては、大きく分けて五つの批判があります。「先例にない」「旧皇族は生まれた時から民間人で既に七十年経っている」「皇籍取得を望む旧皇族などいないのではないか」「人権問題が発生する。門地による差別となるのではないか」「旧皇族は伏見宮家の子孫であり、現在の皇室からは血縁が遠い」の五つです。

逐一、精査していきましょう。

第一の反論「先例にない」

皇位継承問題の議論において不思議なのは、女系容認論者が、「そのような先例はない」という言い方をすることです。申し訳ありませんが、女系という先例のない方策を主張している人がなぜ、先例がないということを理由に批判を行うことができるのでしょうか。二重基準（ダブルスタンダード）な御都合主義、甚だしい。

旧皇族の男系男子の皇籍取得は、確かに吉例とは言えませんが、先例はあります。臣籍降下した後に親王宣下されて皇位を継承した例は、第五十九代宇多天皇です。生まれた時は民間人で親王宣下されて皇位を継承した例は、第六十代醍醐天皇が存在します。

まったく先例がないことをやるのと、吉例ではなくとも先例があることをやるの、どちらが良いのか。先例を基準とする限り、答えは明々白々です。

ある高名な女系論者が、とあるシンポジウムで「宇多天皇と醍醐天皇の時は、藤原氏に対する大変な遠慮があった。あれを先例にすることはできない」と主張していました。ならば、「ダグラス・マッカーサーに対する大変な遠慮」で、伏見宮系統の方々は皇籍を奪われました。マッカーサーのやったことを容認した上で、先例にない女系天皇をやろうとする。

知らない人が聞いたらもっともらしく聞こえるでしょうが、「宇多天皇と醍醐天皇は先例にならない」と言いながら、一方で先例にないことをやろうとしているだけです。

さらに細かい議論をすると、「宇多天皇は臣籍降下の後、三年で皇籍復帰した。醍醐天皇も二歳の時に皇族となっている。皇籍離脱から七十年も経ち、三世代を経ており、生まれた時は国民だった旧皇族の方々とは違う。平安時代は一般国民に交じっていない」との反論もあります。

その通りですが、ならばなぜ皇室と縁もゆかりもない一般国民（わかりやすく小室圭さんを思い浮かべてください）の方が皇族になることができるのでしょうか。片一方で「醍醐天皇は先例にならず。旧皇族の方々を皇族にしてはならない」と主張しながら、一般国民の男性が皇族になり内親王との子供を天皇にできるようにすべきだと推進する。

女系天皇容認論の方々の、「宇多天皇と醍醐天皇は先例にならず」は、そこだけ聞けばもっともらしいので厄介ですが、それを女系天皇容認論の根拠に持っていくと、全体的には破綻します。宇多天皇と醍醐天皇を先例にする際の問題点をつく絶対評価としては一理ありますが、女系天皇容認論と比較する相対評価としては筋が通りません。

第二の反論「旧皇族は生まれた時から民間人で既に七十年経っている」

私はずっと、たとえば『日本一やさしい天皇の講座』(扶桑社新書、二〇一七年)などで、「元皇族」と「旧皇族」を分けて使ってきました。昭和二十二(一九四七)年、占領下において伏見宮系統の十一宮家五十一方が一斉に臣籍降下されました。その方々が「元皇族」であり、その方々の御子孫で本来ならば皇族としてお生まれになるはずだった方々を「旧皇族」とお呼びしています。ただし、一般にはいずれも区別せず、「旧皇族」と呼ばれているので、話が混乱するのが常ですが。

旧皇族の方々への非難としては、「生まれた時は民間人であり、元皇族ではない。元皇族の方々が皇籍から離脱してから何世代も経っている。そのような人の中には、いろいろと問題のある人物もいる。そのような人が急に皇族となって国民が納得するのか」が決まり文句です。

ここで宇多天皇や醍醐天皇が先例にならないと議論するならまだ学問的ですが、「愛子様は可愛い。愛子様に天皇になってもらいたい」などと感情論に訴えかけるに至っては、皇位継承を可愛さで決めるなら、AKB48の人気投票と変わらないとしか言いようがありません。

国民感情は、その時になってみないとわかりません。ちなみに、菅内閣で本格的に「旧皇族の皇籍取得」が議論されると、各紙アンケートでも賛成が多数となりました。それまでは低調だったのに。そんなものでしょう。令和四（二〇二二）年一月三十一日『日経新聞』では賛成五二％（反対三三％）、五月十四日付『産経新聞』では賛成四二％（反対三九％）でした。いずれも賛成が反対を上回っています。「国民が納得するのか」の議論を言うなら、同時に「どのように国民に納得してもらうか」を考えることが建設的とも言えます。

そもそも論です。

私は、「生まれた時は一般国民で、その方々が急に皇族になって、明日には天皇になるかもしれない」という案ならば、「慎重に事を進めねばならない」としか申し上げられません。少なくとも私は、そんな話はしていません。

そうではなく、本来ならば皇族にお生まれになるはずだった方々に、親王宣下していただき今後は皇族として生きていただく。その方々のお子様方には、生まれた時から皇族として悠仁殿下をお支えいただく。

だから、「生まれた時は民間人で～」という批判をされても、話が食い違っているとしか、言いようがありません。

旧皇族の方々への親王宣下が実現したとして、その方々が皇位を継承するとは、どういう状況か。悠仁殿下に何かあった時です。そのような状況は可能な限り避けるべきです。

もちろん、悠仁殿下も生物学的には人間ですから、お子様が生まれないことはあるでしょう。その際に、親王宣下された旧皇族の方々のお子様（生まれながらの皇族）が皇位に就くことはありえるでしょう。

だから、「皇籍を離れて七十年経った方の子孫が天皇になる」のを前提にしているのではありません。

ちなみに、皇籍を離れて七十年経った方の子孫が上皇になるのは、構わないと思います。天皇にならなくても、上皇にはなれますから（不登極帝(ふとうぎょくてい)）。

第三の反論「皇籍取得を望む旧皇族などいないのではないか」

本当に今の国民の立場を捨てて皇籍取得を望む皇族がいるのか、いるなら出せ、とおっしゃる方もいます。名乗り出たら即座にバッシングの嵐になりそうですが。

いないから女系天皇容認しかない。どこの馬の骨ともわからない人でも、「内親王殿下が選ばれた方なら、それ自体が皇族にふさわしい理由になるのだ」という理屈を唱える人もいます。ここでも「皇族の婚姻の自由」が根拠となり、「皇族の女性が自由恋愛の末に結婚し、生まれた子供に皇位継承権がないのはおかしい」と主張されます。これこそ「ボクの（ワタシの）考えた、理想の皇室」にすぎません。この議論のどこに皇室の歴史が関係あるのか。皇室は日本国憲法において、ほとんどすべての自由や権利が制限されてきたのに、なぜこういう時だけ恋愛結婚の自由が持ち出されるのか。

旧皇族の皇籍取得に反対するためだけに持ち出された議論としか言いようがありません。そもそも、重大な責任を負う立場にある人が、望むのか望まないのか。そんな重要なことを軽々しく話すはずがありません。

公式の話になる前に、「皇籍を取得しても良い」と軽々しく公言されるような方がふさわしいのか。むしろ、いざという時のお覚悟をされている旧皇族の方々は、口に出すはずがありません。

また、今は有識者会議の報告書の提案にすぎませんが、「旧皇族の男系男子孫の皇籍取得」が本決まりになり打診される段階で、遠慮されていた方も決心を固くされる可能性だってあります。

正式に決まっていない話なのに、「そんな覚悟がある人間がいるのか」と言われても、では「この人がそうです」と本人から言質を取ってお示しすれば納得するのでしょうか。

想像でモノを言っても仕方がないので、検証可能な材料でお話しします。

よく旧皇族の独身男性は現在十人いらっしゃるなどと言われています。特に東久邇家は、初代当主稔彦王（第四十三代内閣総理大臣）のご長男が昭和天皇の初孫にあたるなど、現在の皇室とたいへん近しい関係にあり、常に話題になっています。『テーミス』（株式会社テーミス）という月刊総合誌の二〇二二年十月号で、愛子内親王殿下の配偶者候補として賀陽家の名が挙げられていたといったこともあります。

占領下で臣籍降下させられた十一宮家のうち、後継者が得られずに断絶した家もありますが、東久邇・賀陽の他、竹田・久邇・朝香の五家の嫡流が健在です。

旧皇族の方々は皇籍離脱後も、「菊栄親睦会」を通じて皇室との交流が続けられており、その存在は令和三（二〇二一）年二月二十六日衆議院予算委員会第一分科会における池田憲治宮内庁長官の答弁で確認できます。

望むかどうかなどご本人以外に知りようがないことはともかく、旧皇族の方々が健在であるのは事実です。

第四の反論「人権問題が発生する。門地による差別となるのではないか」

旧皇族の皇籍復帰は、今まで一般国民として自由に暮らしていたのに、その自由を剥奪(はくだつ)することになるのではないか、ということなのですが、まず、その批判の趣旨を見てみましょう。

日本国憲法第三章「国民の権利及び義務」の第十四条には次のように書かれています。

［日本国憲法第十四条］

すべて国民は、法の下に平等であって、人種、信条、性別、社会的身分又は門地により、政治的、経済的又は社会的関係において、差別されない。

②華族その他の貴族の制度は、これを認めない。

③栄誉、勲章その他の栄典の授与は、いかなる特権も伴はない。栄典の授与は、現にこれを有し、又は将来これを受ける者の一代に限り、その効力を有する。

一般国民の中から旧皇族という特定の人を皇族にするということは、この憲法第十四条が禁止する「門地による差別」にあたる、とのことです。

まず、よく見てください。日本国憲法第三章は「国民」の規定です。「人権」は「国民の権利」の言い換えです。第三章でも述べましたが、皇族は国民ではありません。

日本国憲法の通説は、天皇・皇族は「人権の例外」と教えています。

天皇については第一条で「日本国の象徴であり日本国民統合の象徴」であるとされ、第二条で「皇位は、世襲のもの」であるとされ、第四条で「国政に関する権能を有しない」こととされていることなどから、天皇の基本的人権については、一般の国民とは異なる一定の制約があると理解されています。皇族についてもこれに準ずるものと考えられていて、皇族に対して法の下の平等は適用されないという見解は、憲法の学術書や教科書のほぼすべてに共通しています。

なお、現行憲法の下で、民間人の女性は皇族になることができます。すなわち、「民間人だった国民を皇族にすること」は、法の下の平等の例外としてこれまで運用されてきました。女性が皇族と結婚するという特定の条件で法の下の平等の適用外になります。同じように、旧皇族の方々も血統という、憲法第一章に規定された特例によって第十四条の法の下の平等の例外になるということです。

極めて少数派ですが、こうした解釈を否定しようとする人もいます。男女関係を定める法律等の合憲性をジェンダー平等の視点から研究しようというジェンダー憲法学と呼ばれる分野の人たちです。たとえば、東北大学名誉教授の辻村みよ子氏は、著書『憲法とジェンダー』(有斐閣、二〇〇九年、一四六頁)の中で、皇室典範の「皇位継承や皇族身分に関する性別に基づく差別的取り扱い」及び「女性天皇否認」は憲法第十四条ならびに、「婚姻は両性の合意のみに基いて成立し」で始まる第二十四条違反であるとし、「皇室典範上の性差別を合憲として維持することによって、旧憲法下の神権天皇制の伝統と『家』制度、およびその下で醸成された男尊女卑思想や性別役割分業論を維持し、国民の性差別意識を温存する機能をはたすことを無視することはできない」としています。そのように解釈すべきだと政治的に主張するのは自由ですが、法学としては認められません。憲法学の多数派には認められていません。

そこまで旧皇族の方々を目の敵(かたき)にする理由がよくわかりませんが、とにかく「旧皇族だけは認めない」との執念だけは感じます。こんなことを言わざるを得ない時点で、言うに事欠いたか、としか言いようがないのですが。

仮に一般国民の中から皇族になる人が出てくるのが憲法違反なら、皇太后陛下（正田美智子さん）、皇后陛下（小和田雅子さん）、秋篠宮妃殿下（川嶋紀子さん）は憲法違反の存在なのでしょうか。過去にさかぼってやり直すなら筋が通りますが、その筋を通すのが良いこととは明らかに言えないでしょう。

第五の理由「旧皇族は伏見宮家の子孫であり、現在の皇室からは血縁が遠い」

これは一理あります。絶対評価では。ただし、「女系天皇を容認するべきか」との相対評価では、極めて疑問ですが。

すべての旧皇族の方々は男系では伏見宮家の子孫であり、現在の皇室から血縁が遠いというのは事実です。ただし、伏見宮家が神武天皇に連なるもう一つの皇室であるということは間違いありません。

過去の先例を辿れば、第二十五代武烈天皇から第二十六代継体天皇の十親等が、最も血縁が離れた傍系継承です。これを簡単に認めて良いのか。これ自体が新儀ではないのかとの批判は成立します。絶対評価では。

しかし、昨日まで「小室圭さんに皇族になっていただきたい。小室さんに限らず、内親王殿下にはお望みの方とご結婚いただき、そのお子様には皇族となり皇位を継いでいただきたい」などと言っていた議論と比較する、相対評価だとどちらに理があるのか。仮に伏見宮系統の方々が現在の皇室から遠いとはいえ、皇室と何の縁もゆかりもない一般国民が皇族になって良いのか。

小室さんばかりあげて恐縮なので、これまた非礼を承知で実名を上げさせていただきます。紀宮清子内親王殿下は、公務員の黒田慶樹さんとご結婚され黒田清子さんとなられました。眞子内親王殿下と小室さんの時の騒動と違い、最初から歓迎され今に至っています。では、黒田慶樹さんが皇族になろうとした時、同じように歓迎されたでしょうか。

我が国の歴史において一度も例外がない先例、すなわち伝統とは、「一般人の男が皇族になった例はない」です。仮に十親等以上離れた傍系継承がないとしても、伏見宮系統の皇族は、「もう一つの皇室」です。室町の戦乱の果てに後花園天皇が、「皇室が絶えないように」との勅命で永代親王家とされました。

その伏見宮系統の方々が、占領下に功績を剥奪され、本来は皇族としてお生まれになるべき方々が一般国民に交じって生活されている。由緒正しい方々です。単に「一般人の男」が皇族になる話とは違います。

こういうことを言うと、「皇籍離脱は片道切符で、簡単に戻れるものではない」と主張する方もいます。しかし、いったん皇籍を離脱した後に、再び親王宣下されて皇族に復帰された方は何人もいます。出たり戻ったりを簡単にするものではないと思われますが、それを理由に「一般人の男を皇族にする」など許される話ではありません。

では、どうするべきなのか

女系容認論者にも二種類います。一つは、単純に「男女平等だから女系天皇を認めろ」式の弓削道鏡の再来のような論者。もう一つは、足利義満のように先例を熟知して、知らない人をあざ笑うかのようにすり抜けた議論を突きつける論者。

前者に対しては、「男女平等だのジェンダー平等などは皇室に関係ない。わからなければ本書の第一章を読み返してください」で終了です。

問題は後者です。この人たちの言うことには一理あるのです。特に、旧皇族の男系男子孫の皇籍取得はバラ色の解決策ではない、十親等以上も血縁が離れた傍系継承は先例がないという点は、慎重に議論しなければならないでしょう。皇室は先例ででき上がっている世界です。そして男系は絶対の先例としても、直系もおろそかにできません。

もっとも、女系容認論者は旧皇族の男系男子孫の皇籍取得の問題点をあげつつ、一般国民の男を皇族にしようなどと日本の歴史に一度も先例がないことを主張するので、どういう基準でそうなるのかと疑問に思いたくなるのですが。女系容認論者は、男系よりも直系を優先するすり替えを行うので、よほど皇室史に詳しくないと信じてしまうでしょう。

皇室史において、女系は男系を補完するために存在した、との話は既にしました。

私も女系論者の真面目な人には、前掲『日本一やさしい天皇の講座』において、そ〜と〜に甘やかした議論をしました。当時は上皇陛下の御譲位が話題になっていた時であり、日頃は愛国だの尊皇だのを気取っている保守言論人が陛下に対して人として失礼な誹謗中傷を繰り広げていたことに憤っていたことと、女系論者でも真面目な議論をしている人がいたからです。

素朴に「男系が絶対だ」と結論だけ言っていれば済む話ではない、皇室はそんな単純な世界ではないのは、ここまで本書をお読みいただければ、おわかりでしょう。

だいたい『日本一やさしい天皇の講座』にも書きましたが、男系だの女系だのと言っても、極端な話、悠仁殿下と愛子殿下がご結婚してそのお子様が天皇になれば、男系天皇であり女系天皇なので、「悠仁さまと愛子様、どちらを選ぶのだ?」などという議論には意味がないのです。ただし、これだけ皇族が減っている中で、いとこ婚なんてする意味がないと思いますが。

本筋は、悠仁殿下にご無事に成長、ご結婚、お世継ぎづくりをしていただくことです。悠仁殿下の皇子様がご即位された時、我々の代の「くにまもり」は達成されたことになります。

お世継ぎづくりのためには、ご公務軽減は喫緊の課題です。しかし、これだけ「皇室に嫁いだ女性にはいかなるバッシングをしても良い」との風潮が広がった以上、難関が待ち受けていると覚悟すべきです。また、御婚姻までは上手くいっても、絶対に子供が生まれる技術がない限り、お子様が生まれないかもしれません。だからこそ、皇族の方々がご存在していただかねばならないのです。その皇族が、悠仁殿下がご即位された時に、一人もいなくなります。

事は重大ですから、失礼を承知で申し上げます。

ここで大事なのは、愛子内親王殿下の御婚姻です。旧皇族の方々とのご結婚を、政府当局者は進めるべきではないのでしょうか。

明治天皇も昭和天皇も、皇室と伏見宮系統の皇族の方々との血縁の遠さは自覚されておりました。だから、婚姻を進められました（第三章補講参照）。特に、東久邇家は女系では、現在の皇室の直系に極めて近いのです。女系論者が、「愛子殿下と東久邇家の方とのご結婚」を主張しないのが不思議で仕方ありません。仮に東久邇様（のどなたか。何人か候補がいるとのこと）と愛子様が御結婚されお子様がお生まれになれば、その方ほど悠仁殿下に継ぐ皇位継承者にふさわしい方はいないのではないでしょうか。

それを「愛子様にも恋愛結婚の自由がある」などと偽善を言うから、わけがわからなくなるのです。皇室は人権の例外です。恋愛はともかく、婚姻の自由はありません。本題から離れるので詳しくは言いませんが、日本のエスタブリッシュメントが閨閥だらけ、歴代総理大臣で閨閥に入っていない人は何人もいない。某官庁では、面接試験の前の履歴書で「○○さんの親戚かどうか」を確認する。などという国で、何を言っておられるのか、です。

第一章の冒頭でも申し上げましたが、人の家の事に口を出すのは失礼です。しかし、皇位継承は日本国の最重要課題だからこそ、あえて申し上げているのです。

不吉で怖い話に備えよ

不吉で怖い話をします。

悠仁殿下にお子様がお生まれにならないこともあります。また、寿命を全うできないかもしれません。だからこそそうならないようにお守りせよと申し上げているのですが。

神武天皇の伝説以来の日本の歴史を一人で背負われている悠仁殿下の身に何か不吉なことがあり、誰かが継がねばならなくなった時……。

愛子内親王殿下が旧皇族の方とご結婚されていた場合、皇位継承者はいます。その際、お子様が成人ならば、愛子殿下とご主人のお子様に皇位を直接継承すればよいでしょう。ではその場合、お二人の子供が成人ではない場合は、愛子殿下とご主人の、どちらが皇位を継承すべきでしょうか。

私は、その時こそ「愛子天皇」であるべきと思います。

愛子内親王殿下は、生まれた時から皇族で、誰よりも今上陛下の直系であらせられる。親王宣下されたご主人は生まれた時は国民です。いずれがふさわしいか。不吉を前提にするのであまり考えたくありませんが、皇室をお守りするとは、こういうことを考えるということなのです。既に悠仁殿下はお命を狙われています。暗殺者からしたら、殿下一人を狙えばいい状況に変わりはありません。だから、殿下をお守りする皇族の方々がいなければならないのです。悠仁殿下をお守りする皇族の筆頭には、愛子殿下になっていただかねばならないのが今の状況なのです。

しかし、日本人は二千六百八十三年も、この努力を続けてきたのです。

皇室を守る、日本の歴史を続けるにはどうすればいいか。これさえやっておけば安泰、などという魔法の杖はないのです。

私は、日本人全員が皇室に詳しくなる、などという夢物語を信じません。女系と女帝の区別がついていないと憤る人がいますが、過半数の日本人がそんな難しいことを区別できるなど、どういう世の中だか。

それよりも大事なことは、心ある人が知恵を出すことです。

知恵とは誰かの頭の中でひねり出されたことではなく、皇室の歴史の中から発見すること、どの先例に倣うかを考えることです。

第四章 補講 「旧皇族」をめぐる問題

《弓削道鏡》

文武天皇四（七〇〇）年頃～宝亀三（七七二）年

孝謙上皇は、天平宝字八（七六四）年の恵美押勝（藤原仲麻呂）の乱で帝（明治三年に淳仁天皇の贈り名）を廃位、重祚した（称徳天皇）。乱の前から側近として僧の道鏡を重用し、天平神護元（七六五）年には僧籍のまま太政大臣とした。翌二年には「法王」となり、仏法の指導者として世俗においても権勢を誇った。

この頃は皇位継承争奪の抗争が激しく、称徳天皇の治世においては皇太子も立てられなかった。そのような状況の神護景雲三（七六九）年、道鏡の弟で大宰帥の弓削浄人（きよひと）と大宰主神の習宜（すげの）阿曾麻呂（あそまろ）が「道鏡を皇位につかせたならば天下は泰平である」という内容の宇佐八幡宮の神託を奏上する。この神託の真意を確かめるべく、称徳天皇は和気清麻呂を派遣した。

清麻呂は宇佐で、「わが国は開闢このかた、君臣のこと定まれり。臣をもて君とする、いまだこれあらず。天つ日嗣は、必ず皇緒を立てよ。無道の人はよろしく早く掃除すべし」との神託を聞き、奏上。結果、道鏡の皇位簒奪は阻止された。

その後、宝亀元（七七〇）年に称徳天皇が崩御すると、施基皇子の息子で天智天皇の孫である白壁王（光仁天皇）が即位した。ここに六七二年の壬申の乱以後、天武天皇の男系子孫が皇位を継承してきたが、皇統は天智天皇の系統に移り現在の皇室に連なる。

なお、「道鏡は天智天皇の皇子であるの落胤」との説もあるが、後世の単なる噂にすぎない。仮に御落胤だとしても、道鏡に皇位継承資格が生じるわけではない。

《足利義満》

延文三（一三五八）年〜応永十五（一四〇八）年
一般には室町幕府三代将軍として、南北朝合一を達成、勘合貿易を推進、鹿苑寺金閣を建てるなど北山文化が花開くなど、足利家の最盛期を築いたとされる。また、アニメ『一休さん』での、コミカルなキャラクター（演・キートン山田）としても知られる。

その義満は、皇位簒奪計画を企てたとの説が戦前から田中義成東大教授に主張され、平成になってから今谷明横浜市立大学助教授（当時。後に名誉教授）によって説が検証・発展された。義満の皇位簒奪計画を、今谷明『室町の王権　足利義満の王権簒奪計画』（中公新書、一九九〇年）により要約すると以下の通り。

南北朝の動乱では北朝の優位は明らかであったが、その権威は低下する一方であった。そうした中、義満は実質的な権力だけでなく、形式的な権威をも手中にしようと、三十年間にわたり、皇室乗っ取りの計画を実行する。その手法は、先例を度外視せず、公家の有職故実を大枠で外さない形で行われた。時の治天の君（院政を行う上皇）である後円融上皇を廃人同様に追い詰め（ほどなく崩御）、以下の事例を積み重ねる。

官位除目介入、南北朝和睦後に南朝の後亀山尊号宣下を義満の「仰」で決定、先例の援用まで義満が指示、義満の「仰」は関白一条経嗣にまで及ぼす、天皇の文書である宣命・小折紙の自筆、義満の居所である室町第への拝賀奏慶（はいがそうけい）、名門寺院への皇族に代わる足利一門の入室などなど。義満は完全に治天の君の代行者となった。

さらに天皇の扱いとして、自らを八瀬童子に担がせ、北山第を「紫宸殿（ししんでん）」と呼ばせ、手紙は上皇のように扱わせ、親王に扈従（こじゅう）を申し出させ、参内を朝勤行幸に擬させた。こうした歴代法皇に擬した行動を強制せず、申し出させる。極めつけが、天皇と上皇しか使えない、繧繝縁（うんげんべり）の畳に座ったことだった。

その上で、自らの妻（日野康子）を先例の強引な解釈で准母に立て、息子義嗣を宮中において親王の形式で元服させた。義嗣を異常な速度で昇進させていき、皇位簒奪まであと一歩のところで、義満が急死する。朝廷は義満に「鹿苑院（ろくおんいん）太上法皇」の尊号を贈ったが、幕府は拒絶した。

学界の多数説は今谷説を否定し、「義満は法皇に准じる役割を演じただけである」と主張するが、ならばなぜそこまでしなければならなかったのかの説明が一切ない。また、最も重要な点であるはずの、なぜ生前の本人が望んでもいないのに「法皇」の尊号を贈られたのかについては、明確な反証を誰も出していない。以上のことから、義満の皇室乗っ取り計画は事実であったと断定できるし、死後ではあるが、皇族（しかも法皇）となった臣下（つまり民間人）の唯一の例であるのは間違いがない。ちなみに、義満が建立した相国寺は、「鹿苑院法皇」の尊号を受け取り、今も義満を祀っている。

《杓子定規な先例の再現》

鎌倉幕府の事例から、一例。鎌倉幕府はほどなくして北条氏が実権を握るようになるが、さらに北条本家の「得宗」と呼ばれる当主が最高指導者の地位に立つようになる。

特に第八代執権で第七代得宗の時宗は、二度の元寇を撃退。さらにその子で第九代執権かつ第八代得宗の貞時の時代に権力の絶頂を迎える。しかし貞時の晩年から政治が弛緩していき、第九代得宗かつ第十四代執権の高時の時代には幕政は硬直化してしまっていた。

時宗も貞時も七歳で元服したとの理由で、高時も七歳で元服している。さらに高時は、父と同じ十四歳で執権に就任した。まったくの杓子定規の先例踏襲であり、高時の代で鎌倉幕府は滅びている。

こうした鎌倉幕府末期の硬直化した様子については、細川重男『鎌倉幕府の滅亡』（吉川弘文館、二〇一一年）を参照。

《宇多天皇と醍醐天皇》

皇族が一旦民間人になった後、親王宣下があって天皇になった先例は一例だけ、存在する。第五十九代宇多天皇である。宇多天皇は先代第五十八代光孝天皇の第七皇子・定省王として生まれたが、時の摂政・藤原基経（八三六～八九一年）の圧迫によって、八八四年に光孝天皇が実施した皇子女二十六人一斉臣籍降下のうちの一人だった。これにより源の姓を賜り、源定省という臣下つまり民間人となった。

しかし、光孝天皇が重篤（じゅうとく）に陥るも皇太子が立てられておらず、呼び戻された。定省は仁和三（八八七）年八月二十五日に皇族に復帰し親王宣下を受けて定省親王となり、翌二十六日に立太子した。その日のうちに光孝天皇が崩御。践祚し、定省親王は宇多天皇として十一月十七日に即位した。

生まれた時は一般人ではないながら天皇になった先例も存在する。後に第六十代醍醐天皇となる、源維城（これざね）だ。維城は臣籍降下していた源定省（後の宇多天皇）の長男として生まれた。仁和三年、父の皇籍復帰と即位から皇族に列することとなり、寛平元（八八九）年に親王宣下を受けて維城親王となり、翌年に敦仁親王に改名。寛平五（八九三）年に立太子した後、寛平九年七月三日、元服の同日に践祚し、同月十三日に即位した。

《不登極帝》

上皇のはじめは、乙巳（いっし）の変（蘇我入鹿暗殺。大化の改新の始まりの事件）に驚愕、譲位された皇極上皇である。皇祖母尊（すめみおやのみこと）の称号が奉られた。正式に「上皇」の尊号で呼ばれたのは、六九七年に譲位した持統上皇である。

上皇は「太上天皇」の略称である。奈良時代の天平感宝元（七四九）年に譲位した聖武上皇からは、譲位が常例となる。

応仁の乱（一四六七～一四七七年）以降は皇室が衰微し、後土御門天皇は生涯に五度も譲位を望みながら、すべてはたせなかった。譲位が常例として復活するのは、戦国時代も終焉が見えた天正十八（一五八六）年の正親町上皇の時代になる。明治時代に一世一元の制が定められて譲位を行わないことが制度化されたが、平成時代に特例として行われた。

ほとんどすべての上皇が、天皇を退位してなっているが例外がある。

承久三（一二二一）年、承久の乱の結果、首謀者の後鳥羽上皇ら三上皇が配流され、後鳥羽の孫の帝（仲恭天皇）が廃された。鎌倉幕府が後鳥羽上皇の系統を皇統から排除しようとした為である。幼少の後堀河天皇が擁立されたので、その父の守貞親王が院政を行った。守貞親王は死後、「後高倉院」の尊号を贈られた。不登極帝のはじめである。

不登極帝は他に二ないし三例ある。

南北朝時代の一三九二年（南北朝双方で元号が違う）、南朝の後亀山天皇は足利義満の和議の呼びかけに応じた。この時点で、皇室の正統は北朝の歴代天皇と看做（みな）されており、南朝の天皇は認められていなかった。そこで義満は、後亀山を即位はしていないが上皇として遇することとし、不登極帝として扱った。ただし、明治四十四（一九一一）年に南朝が正統と変更されてからは、後亀山上皇は、不登極帝として扱われていない。

室町時代、称光天皇は男子を残さず崩御。傍系継承により、後花園天皇が伏見宮家から登極した。新帝の父である伏見宮貞成親王は後高倉院を先例として、「後崇光院」の尊号を贈られている。

戦国時代、正親町天皇の皇太子は誠仁親王だった。しかし天正十四（一五八六）年、正親町天皇の譲位が準備されている最中に急死してしまい、皇子の和仁親王が継いで後陽成天皇となった。誠仁親王には、「陽光院」の尊号が贈られた。

江戸時代、閑院宮家から傍系継承した光格天皇は江戸幕府に対し、実父の典仁親王に尊号を贈るよう求めた。これに対し老中首座の松平定信は「後高倉院は承久の変、後崇光院は南北朝の動乱の時代の事例なので、平和時の先例にならない」などと主張し、拒否した。尊号一件である。しかし、明治十七（一八八四）年に「慶光院」の尊号が贈られている。

以上詳細は、小著『国民が知らない 上皇の日本史』（祥伝社新書、二〇一八年）を参照。

このように、不登極帝には先例が存在する。仮に旧皇族の男系男子孫の方のお子様が即位されたとしたら、新帝の父君に不登極帝として上皇の尊号を贈ることは可能である。「昨日まで国民だった人が天皇になる」議論は人口に膾炙（かいしゃ）しているが、そうではない。「上皇になる」のに抵抗があるだろうか。

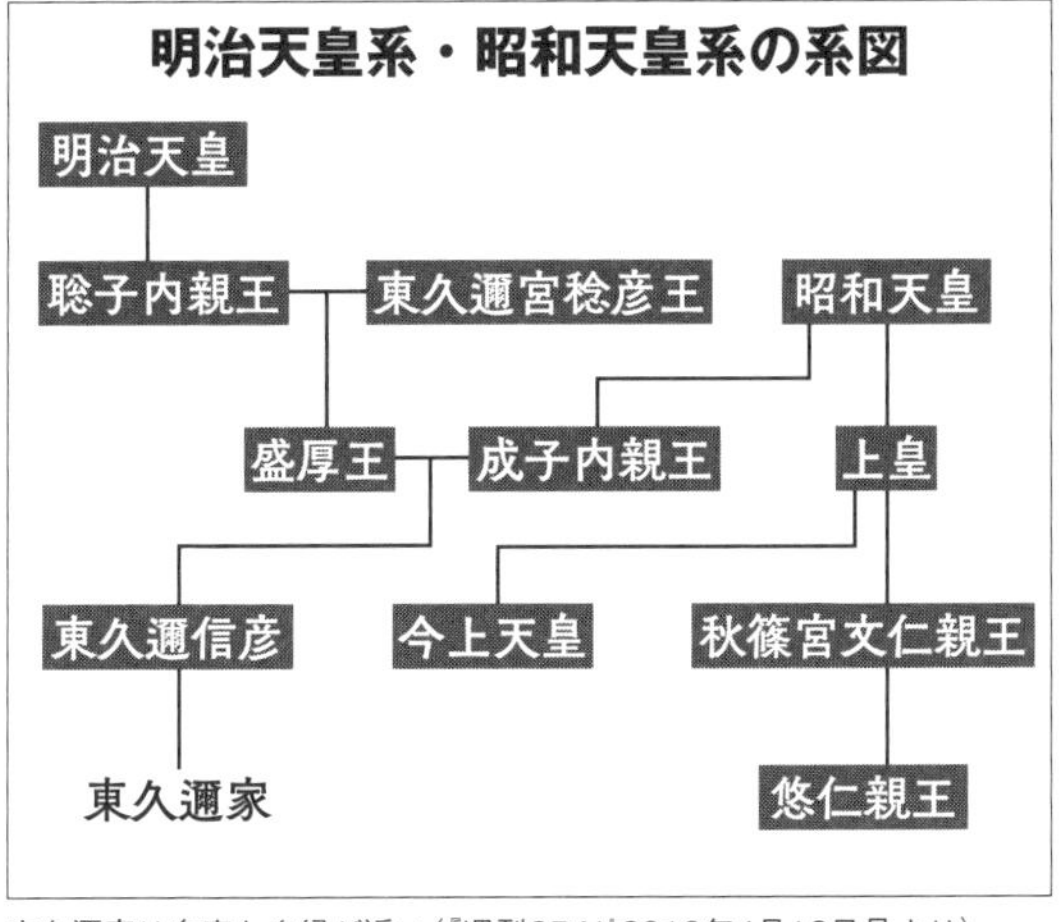

東久邇家は皇室と血縁が近い（『週刊SPA!』2019年4月12日号より）

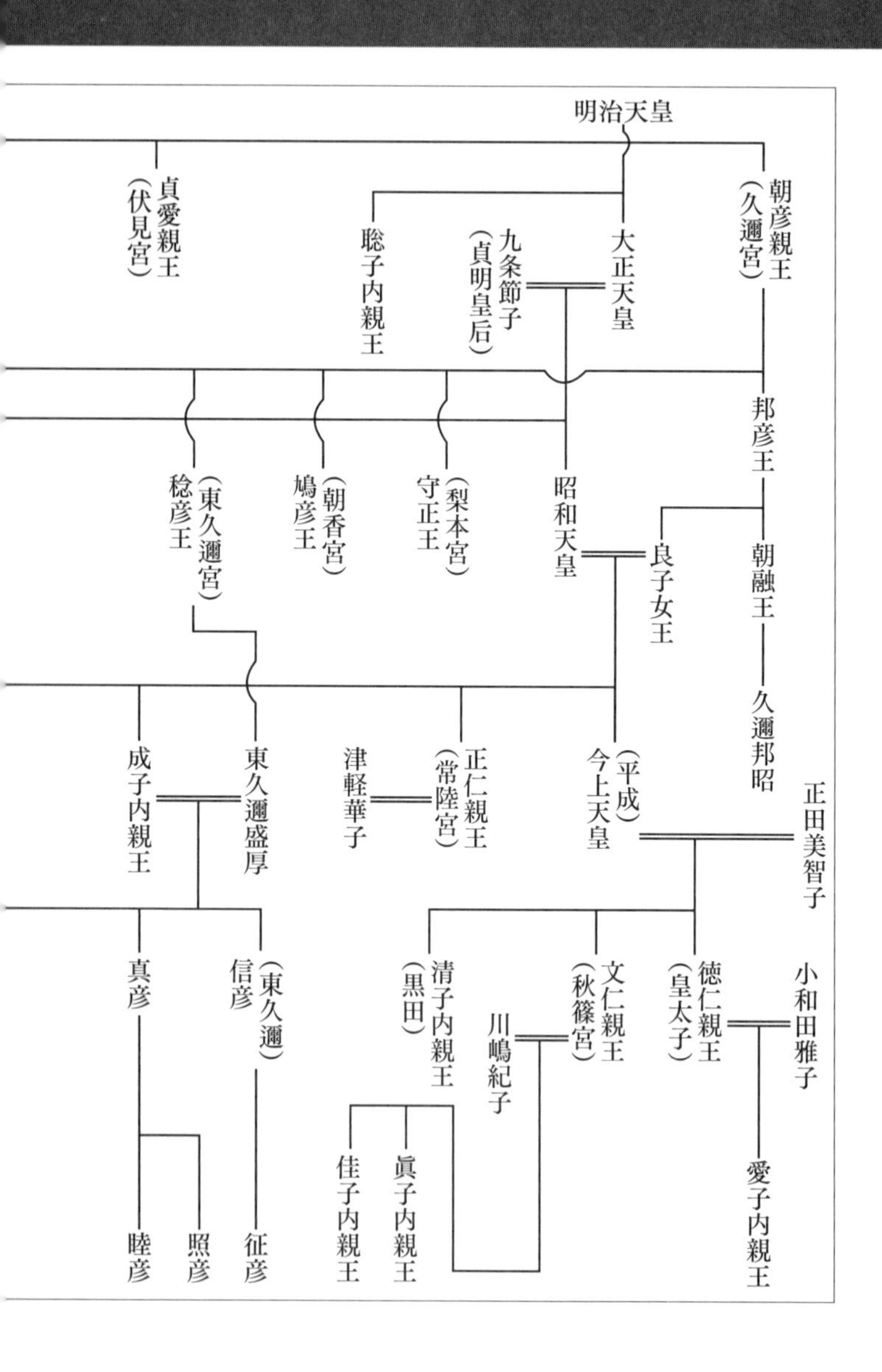
明治天皇
朝彦親王（久邇宮）
大正天皇
九条節子（貞明皇后）
聡子内親王
貞愛親王（伏見宮）
邦彦王
昭和天皇
守正王（梨本宮）
鳩彦王（朝香宮）
稔彦王（東久邇宮）
朝融王
良子女王
久邇邦昭
今上天皇（平成）
正田美智子
正仁親王（常陸宮）
津軽華子
東久邇盛厚
成子内親王
徳仁親王（皇太子）
小和田雅子
文仁親王（秋篠宮）
川嶋紀子
清子内親王（黒田）
信彦（東久邇）
真彦
愛子内親王
眞子内親王
佳子内親王
征彦
照彦
睦彦

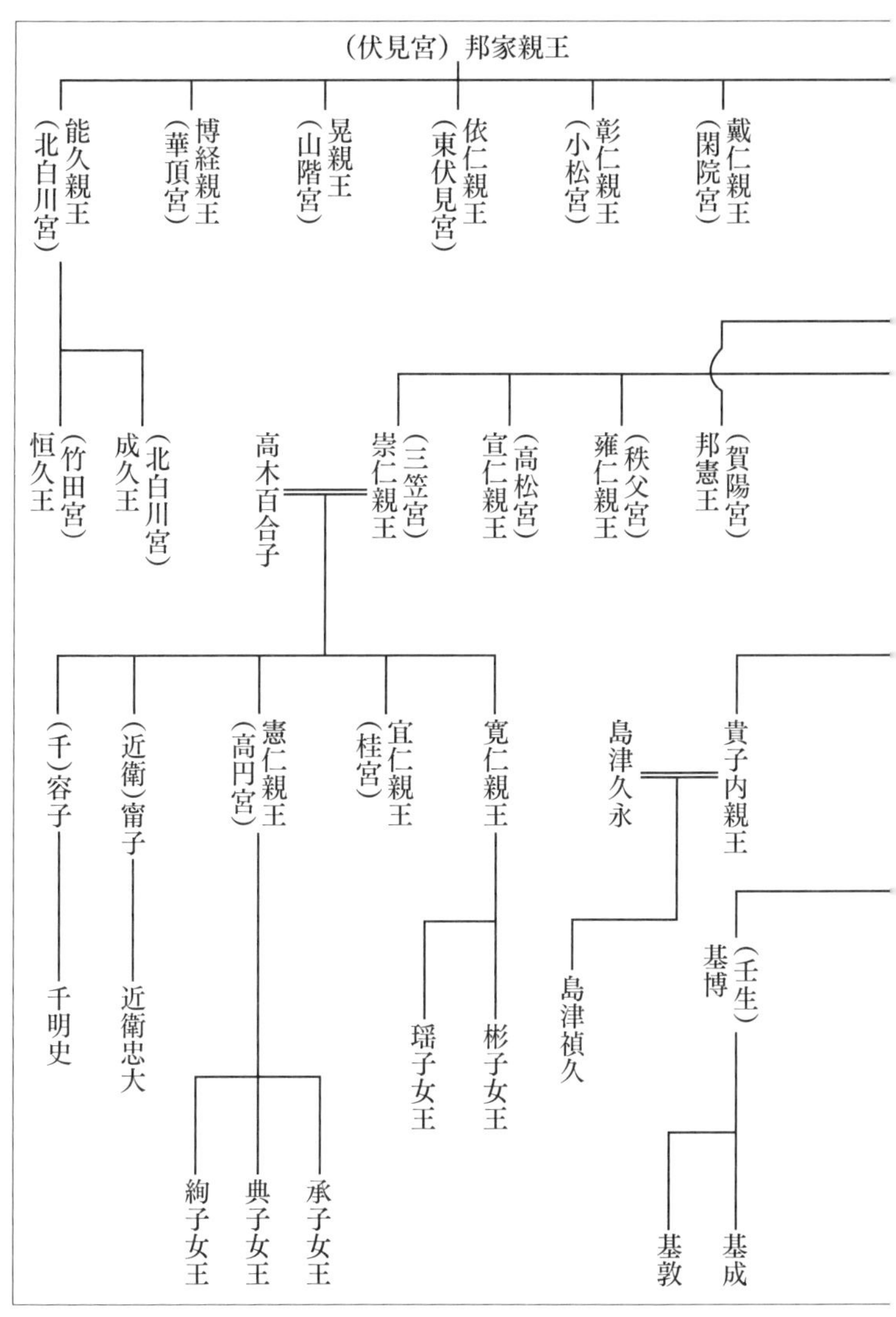

第７回　皇室典範に関する有識者会議 平成17年6月8日(火) 所功京都産業大学教授の説明資料を基に作成

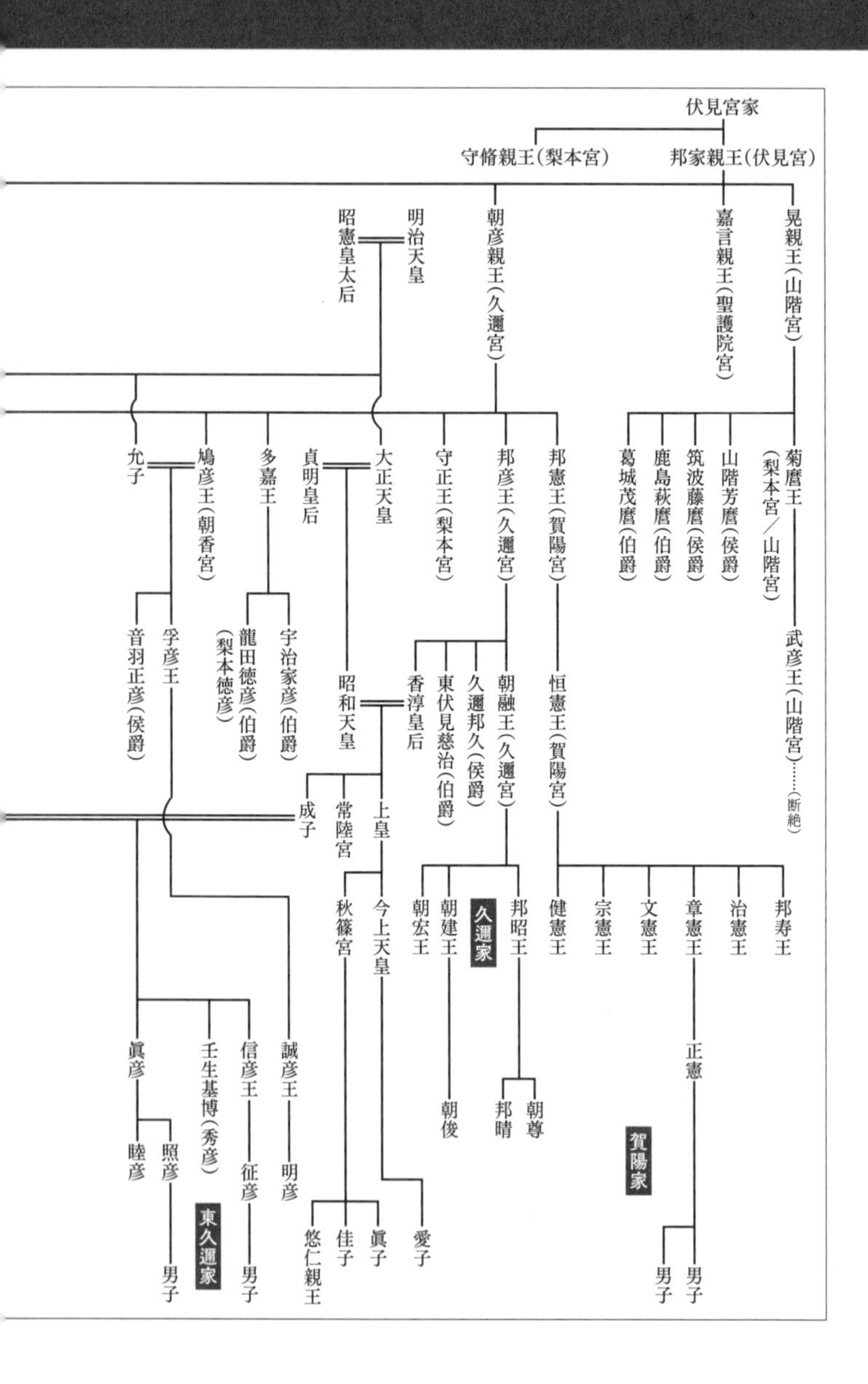
伏見宮家
守脩親王(梨本宮)
邦家親王(伏見宮)
晃親王(山階宮)
嘉言親王(聖護院宮)
朝彦親王(久邇宮)
明治天皇
昭憲皇太后
菊麿王(梨本宮/山階宮)
山階芳麿(侯爵)
筑波藤麿(侯爵)
鹿島萩麿(伯爵)
葛城茂麿(伯爵)
邦憲王(賀陽宮)
邦彦王(久邇宮)
守正王(梨本宮)
大正天皇
貞明皇后
多嘉王
鳩彦王(朝香宮)
允子
武彦王(山階宮)……(断絶)
恒憲王(賀陽宮)
朝融王(久邇宮)
久邇邦久(侯爵)
東伏見慈治(伯爵)
香淳皇后
昭和天皇
宇治家彦(伯爵)
龍田徳彦(伯爵)
(梨本徳彦)
孚彦王
音羽正彦(侯爵)
上皇
常陸宮
成子
邦寿王
治憲王
章憲王
文憲王
宗憲王
健憲王
邦昭王
久邇家
朝建王
朝宏王
今上天皇
秋篠宮
誠彦王
信彦王
壬生基博(秀彦)
眞彦
正憲
朝尊
邦晴
朝俊
賀陽家
男子
男子
愛子
眞子
佳子
悠仁親王
明彦
征彦
男子
東久邇家
照彦
睦彦
男子

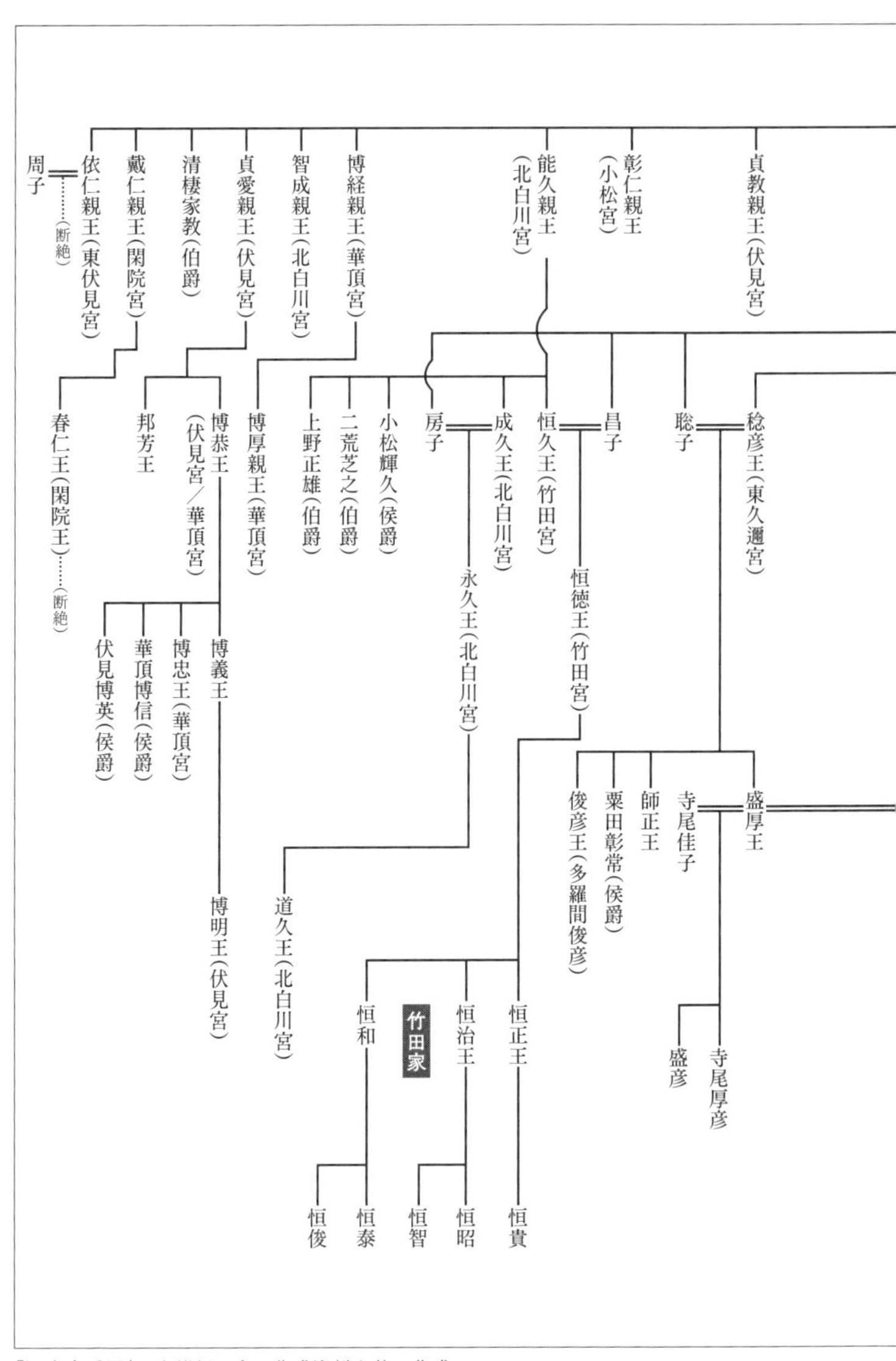

「旧宮家系図」日本維新の会の作成資料を基に作成

《皇族に対して法の下の平等は適用されない》

皇室の存在は憲法上の要請である。法律において重要な内容は、前に書く。だから、第一章第一条は最も重要な内容が規定される。

日本国憲法の第一章は天皇だ。君主国の憲法で第一章に君主に関する条文がくるのは、実は世界でも珍しい。ベルギーの憲法第一条は連邦共和国であることの表明、オランダは平等原則の宣言、スペインは社会的かつ民主的な法治国家として構成されることの表明、デンマークは憲法が王国全土にわたって適用されることの確認、となっている。外国の憲法と比較すると、日本国憲法は皇室の存在をより重視した法典であると言える。

一般に護憲派は皇室に対し冷淡との印象を与えるが、それでも一定の矩(のり)は守って学説が構成されている。たとえば、日本国の大学で最も読まれている、『憲法I　第5版』(野中俊彦・中村睦男・高橋和之・高見勝利 著、有斐閣、二〇一二年)である。

同著は、第五章第三節「人権の享有主体」四「天皇と皇族」(1)「学説」として、《天皇および皇族も日本国籍を有するが、憲法第三章の人権享有主体としての「国民」に含まれるかどうかについては、次のように説が分かれている》とし、A説、B説、C説を挙げ、C説が近年有力になっている、としている。以下、『憲法Ⅰ 第5版』から引用する。

A説は肯定説で、天皇および皇族ともに「国民」に含まれると解する見解である（宮沢・憲法Ⅱ〈新版〉二四三～四五頁、佐藤・概説〈全訂第五版〉一三二頁、三四五～四六頁、芦部・憲法学Ⅱ一二〇頁）。しかしA説にあっても、天皇および皇族が一般の国民と異なった取扱いを受けることを認めており、その根拠は、憲法自身が認めている天皇の地位の世襲制（宮沢）ないし天皇の象徴たる地位（佐藤）に求められている。A説によれば、「天皇は国民に含まれない」という命題は、「単に無用であるばかりでなく、かえって、天皇についての特別扱い－特例－を必要以上に大きくすることの根拠とされる可能性を持つ点において、妥当でない」（宮沢）というのである。

B説は、天皇と皇族とを分けて、天皇はその象徴たる特殊の地位を有するものであるから、一般的には「国民」には入らないが、憲法第三章の規定も可能なる限り適用があるのは当然であるのに対して、皇族は、当然「国民」に入ると考えられるが、皇位継承に関係のある限りで、多少の変容を受けると解する見解である（法協編・註解（上）二九八頁、伊藤・憲法〈第三版〉一九九頁）。

C説は、否定説で、皇位の世襲制を重くみて、天皇および皇族ともに「門地」によって国民から区別された特別の存在であって、「国民」に含まれないと解する見解である（佐藤幸・日本国憲法論一四二頁、高橋・立憲主義〈第二版〉八〇頁、長谷部・憲法〈第五版〉一二二頁）。C説によれば、現行法上天皇および皇族に認められている特権あるいは課せられている制約は、近代人権思想の中核をなす平等理念とは異質の、世襲の天皇に求められるのであって、憲法一四条の法の下の平等条項下の「合理的区別」論では説明しうる事柄ではないというのである。近年、C説が有力になっている。

占領下において制定された憲法第十四条の立法趣旨は、華族制度の否定である。その占領下においてすら、皇室は法の下の平等の例外とされ、これまで運用されてきた。

この条文によって、皇室は残すけれども、貴族制度は全廃するに至った。憲法第十四条のどこにも、皇室を認めないとは書いていない。

なお、華族を廃止したので貴族院が廃止され、参議院議員は全員を選挙で選ぶこととなった。それまであった勅撰議員（実質的には官撰議員）は認めないということである。

貴族は、中華世界やヨーロッパでは、王様に近く平民に遠い存在である。「王・貴族vs.人民」の関係である。

一方、我が国の場合は、「一君万民」と呼ぶが、どれほど偉い貴族も平民も同じ臣下である。つまり、藤原氏だろうが徳川氏だろうが一般人であって皇族にはなれない。大日本帝国憲法には皇族以外の国民を指す「臣民」という言葉があるが、中華世界では臣と民とは別枠で考えられている。「皇帝・臣vs.民」の関係であり、ヨーロッパの「王・貴族vs.人民」の関係と同じである。世界全体を概観しても、我が国の「皇室vs.貴族・国民」の関係は特異である。ヨーロッパや中華世界では臣と民の間に越えられない壁があるが、日本には皇族と臣との間に越えられない壁がある。

日本には古来、中華世界やヨーロッパとはまったく違う文化と伝統がある。日本国憲法を読む時、日本国憲法の伝統だけを相手にしておけば日本の伝統は無視していいのだという読み方をしてしまう限りにおいて、「憲法で禁じた門地による差別に当たる」という批判も出てくることもあろう。しかし、日本国憲法においても、皇室の伝統との調和は可能である。無理に日本国憲法においてこれまで積み重ねてきた実務と通説を無視して、条文の勝手読みで皇族に憲法第十四条を適用するのは不適切である。

まさか、正田美智子さん（皇太后陛下）、小和田雅子さん（皇后陛下）、川嶋紀子さん（秋篠宮妃殿下）が皇族になられたのを憲法違反だとし、過去にさかのぼって皇籍取得を取り消すなど、行うべきではないだろう。そもそも、一般国民の中から旧皇族という特定の人を皇族にするということは、この憲法第十四条が禁止する「門地による差別」にあたるなどという主張が、日本国憲法すら飛び越えた奇説なのだから、行う必要はない。

ここでも相対評価の問題になるが、旧皇族の皇籍取得は門地による差別を禁じた憲法第十四条違反だと言い募る人たちの一部に問いただしたいのは、「あなたたちは昨日まで小室圭氏を皇族にしろと言っていませんでしたか」だ。旧皇族の人が皇族になるのは憲法違反なのになぜ小室圭氏は良いのか、ぜひ確かな理由を述べてほしいものである。

《女系への固執からくる憲法違反という批判》

令和四（二〇二二）年一月十四日、立憲民主党の皇位継承検討委員会初会合の後、同委員会事務局長の馬淵澄夫国対委員長は記者団に対して、「『天皇の退位等に関する皇室典範特例法案に対する附帯決議』に関する有識者会議」の報告書は「非常に問題のある報告書だ」と述べた。皇統に属する男系男子を養子縁組で皇族にできる案を含んでいることから、馬淵氏は「憲法で禁じた門地による差別に当たる。問題点をはらんだ提言がなされていることに懸念を持った」と説明した。

これは、同有識者会議の参加者の一人である宍戸常寿東京大学法学部教授へのヒアリングにある「法律で養子たり得る資格を一般国民の中から皇統に属する男系男子に限定するならば、問8で述べたのと同じく、門地による差別に該当するおそれがある。さらに、仮に旧11宮家の男系男子に限定する場合には、皇統に属する男系男子である国民の間での、旧11宮家に属するかそうでないかによる差別に該当し得るといった問題も生じ得る」という意見を受けての発言である。

立憲民主党の皇位継承検討委員会は報告書について「事実上の白紙回答だ。皇位の安定継承よりも、皇族数の確保に論点をすり替えた」との見方を明らかにした。立憲民主党が従来から求めてきた女性宮家創設に関して明確な承諾を示さなかった点への批判だ。

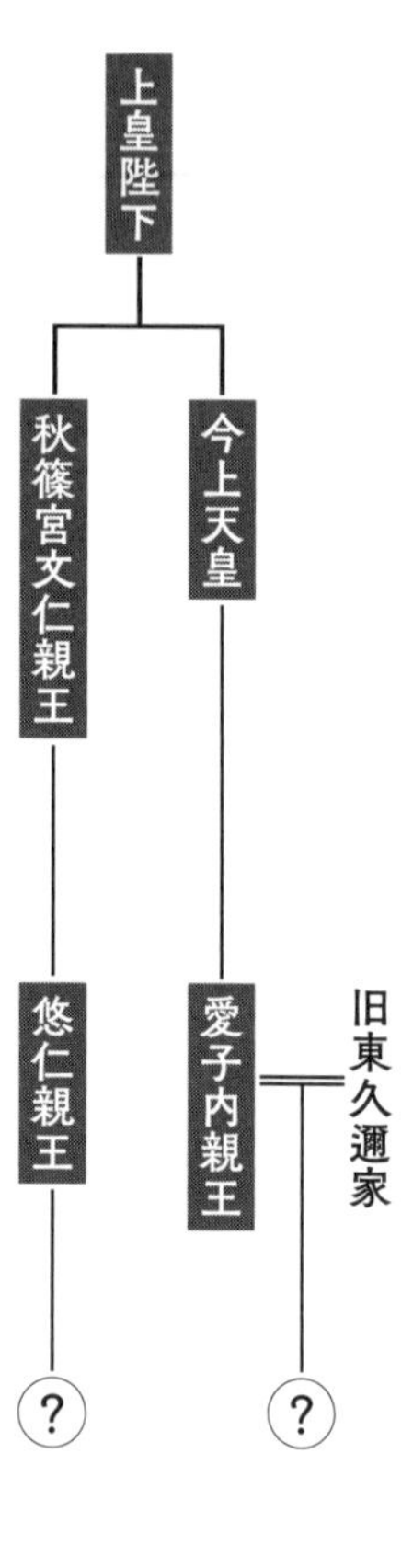

ここにはまた、悠仁親王殿下に万一のことがあった場合、「昨日まで生まれた時は国民だったが今は皇族となったという人が天皇となるのがいいのか」、「女帝の愛子天皇がいいのか」という問題がある。私は愛子天皇だと思う。愛子天皇の後、お二人の間に生まれた男子が継げば今上陛下の直系に戻る。私は愛子天皇の誕生に反対したことは一度もない。賛成するのは不吉だけれども、反対ばかりしていれば、もしもの時に何もできなくなるからだ。

東久邇家のどなたかは間違いなく男系男子であり、愛子内親王殿下との間に生まれたお子様は生まれた時からの皇族となる。先ほどから東久邇家のお名前を出しているが、明治天皇、また昭和天皇の先例に倣い、縁組に関しては失礼ながら他の旧皇族の方よりも東久邇家の方がふさわしいと私は思う。

旧皇族の皇籍取得は「憲法で禁じた門地による差別に当たる」というこの批判に対する反論は第四章で詳しく述べたが、日本国憲法に関するあらゆる教科書に、人権の例外の筆頭として天皇、皇族が挙げられている。表現は違えども、皇室は憲法第十四条の例外である。

《臣籍降下した後に皇籍復帰した例》

既述の如く、定省王はいったん臣籍降下して源定省となった後、親王宣下されて定省親王に、そして即位された。第五十九代宇多天皇である。

皇籍復帰の例は、なにをもって皇籍復帰とするか、解釈も分かれるが(既述の醍醐天皇も広い意味での皇籍復帰になる)、約十五例存在する。

たとえば、鎌倉幕府第七代将軍の源惟康(一二六四〜一三二六年)である。惟康王は、後嵯峨天皇の孫であり、第六代将軍宗尊親王の子として生まれた。三世であるが親王宣下されなかったので、王として生まれ育った。惟康王は文永三（一二六六）年、宗尊親王が鎌倉将軍を廃されたことから三歳で征夷大将軍に就任。元寇の危機が迫る頃であり、元朝の使者が頻繁に訪れて幕府は緊張していた。そこで文永七（一二七〇）年に源の姓を賜り臣籍降下し、源惟康を名乗った。三代将軍実朝で絶えて以来約五十年ぶり、四人目の源氏将軍をいただくことにより、幕府は挙国一致体制を築こうとした。

将軍在位は正応二（一二八九）年まで。文永十一（一二七四）年と弘安四（一二八一）年の、二度の元寇を撃退した将軍となった。

鎌倉幕府は、幼少の公家ないし皇族を将軍に迎え、成人したら京都に追い返すのが常だった。例に漏れず、源惟康は弘安十（一二八七）年に幕府の要請で後宇多天皇から親王宣下がなされて皇籍復帰し、その二年後に将軍職を解任されて京都に追い返された。一般的には宮将軍惟康親王として知られており、四人目の源氏将軍がいたことを知る人は少ないが、十九年間を源惟康として暮らしたことになる。

吉例とする理由はないが、絶対にやってはならない先例ではない。

おわりに――皇室の存在そのものが尊い。理由はいらない

ここまで読み終えていただいた方に、いろいろとお聞きしたいと思います。

まず、これからも日本の歴史を続けたいですか？

この問いに「いいえ」と答えるのなら、あなたは何のためにこの本を読んできたのでしょうか。本書を読み直すか、ご縁がなかったと諦めましょう。ただし、本気で日本の歴史を守りたいと思った方は、本気でこの本を熟読再読三読されたら良いと思います。本書には我が皇室がどのようにして、幾多の試練を乗り越えてきたか、その秘訣が多く書いてあります。

何をやれば皇室が危なくなるのかを知ることは、何をすれば皇室を守れるのかと同じ話です。ですから本書は日本の歴史を守りたい人にとって、必読書のはずです。

では、なぜ皇室を守り、日本の歴史を続けたいのでしょう。

いろいろな理由があります。しかし、「これ」という決まった理由はありません。

たとえば、「天皇陛下は常に国民の幸せを祈っているから尊い」という議論があります。それは上皇陛下の御譲位の際にも、譲位反対派から主張されました。「天皇は私心を捨てて国民

のために祈っているから偉いのであって、疲れたから天皇を辞めたいとは何事だ」という趣旨でその方たちは反対されました。要するに、「天皇は黙って死ぬまで祈っていろ」というのです。これでは「天皇ロボット説」そのものです。別に上皇陛下は疲れたから辞めたいとは一言もおっしゃってはいないのですが、何を思ったか、こういう言説がまき散らされました。

そもそも、天皇や皇室の尊さは「祈り」だけなのでしょうか。歴史上、何人もいた幼帝は、明らかに祈っていません。

たとえば、数え年三歳で即位し七十八日で廃位された仲恭天皇は間違いなく祈っていません。六条天皇は数え年二歳で即位。満年齢だと一歳にもなりません。即位式の最中に泣きだす有様でした（数え年十三歳で崩御）。

数え年三歳（満一歳二か月）で即位した安徳天皇は、七歳で壇ノ浦に入水されました。

では、祈っていない天皇は、尊くないのか。

私は歴代天皇のすべてが聖人君子だったなどと、ファンタジーを述べる気はありません。立派な人もいれば、愚かな人もいました。強い人、賢い人もいれば、弱い人、頭の悪い人もいました。二千六百年も歴史を続けているのですから、当たり前です。いろいろなことを乗り越えて、歴史を続けてきたのです。

だから私は、天皇や皇室の尊さを一つ挙げるとすれば、「ご存在そのもの」と申し上げることにしています。

「どうするのか？」「どうなるのか？」と自分の国の歴史を他人事として眺めるのではなく、「どうするのか」と考えたい人のために、私は本書を著しました。

己が何をなすべきかが書かれています。

本書は、倉山工房の尾崎克之さんにお手伝いいただいた。尾崎さんご自身も作家で、歴史ファンタジー小説『イルカ殺し―大化改新（改）～窯変、乙巳の変の巻～』をワニブックスの電子書籍専門レーベルDigiFastBookからリリースしているくらいなので、皇室や歴史、特に私の苦手な古代史に造詣が深い。「あれって、どんな話でしたっけ」と軽く専門的な内容を聞ける方にお手伝いいただいているので、本書の深みが知り得よう。

ワニブックスの川本悟史さんには、本書でもお手伝いいただいた。どんな本を残すべきかを悩んでいる時、常に指針を指示していただいている。言うなれば、救国の編集者だ。

我々の時代の「くにまもり」を実現する意思を改めて噛みしめ、筆を擱く。

天皇弥栄

令和四(二〇二二)年十二月

倉山満

著者プロフィール

倉山満（くらやま　みつる）

昭和48（1973）年、香川県生まれ。

皇室史学者、憲政史家、（一社）救国シンクタンク理事長兼所長。

平成8（1996）年、中央大学文学部史学科国史学専攻卒業。同大学院文学研究科日本史学専攻博士後期課程単位取得満期退学。

最近の著作に以下。

『教科書では絶対教えない 偉人たちの戦後史』（ビジネス社、2022年）、『沈鬱の平成政治史　なぜ日本人は報われないのか』（扶桑社新書、2022年）、『検証　内閣法制局の近現代史』（光文社新書、2022年）、『歴史検証 なぜ日本の野党はダメなのか？「自民党一強」を支える構造』（光文社新書、2022年）、『ウルトラマンの伝言 日本人の守るべき神話』（PHP新書、2021年）、『嘘だらけの池田勇人』（扶桑社新書、2021年）、『救国のアーカイブ 公文書管理が日本を救う』（ワニブックス、2021年）、『史上最強の平民宰相 原敬という怪物の正体』（徳間書店、2021年）。

皇室に関する著書は、以下。

『天皇がいるから日本は一番幸せな国なのです』（宝島社、2020年）、『13歳からの「くにまもり」』（扶桑社新書、2019年）、『明治天皇の世界史　六人の皇帝たちの十九世紀』（PHP新書、2018年）、『国民が知らない 上皇の日本史』（祥伝社新書、2018年）、『日本一やさしい天皇の講座』（扶桑社新書、2017年）。

決定版
皇室論
日本の歴史を守る方法

2023年2月10日　初版発行

著　者　**倉山満**

構　成　尾崎克之
校　正　雨宮美佐・大熊真一(ロスタイム)
編　集　川本悟史(ワニブックス)

発行者　横内正昭
編集人　岩尾雅彦
発行所　株式会社 ワニブックス
〒150-8482
東京都渋谷区恵比寿4-4-9 えびす大黒ビル
電話　03-5449-2711(代表)
03-5449-2716(編集部)
ワニブックスHP　http://www.wani.co.jp/
WANI BOOKOUT　http://www.wanibookout.com/
WANI BOOKS News Crunch　https://wanibooks-newscrunch.com/

印刷所　株式会社光邦
ＤＴＰ　アクアスピリット
製本所　ナショナル製本

定価はカバーに表示してあります。
落丁本・乱丁本は小社管理部宛にお送りください。送料は小社負担にてお取替えいたします。ただし、古書店等で購入したものに関してはお取替えできません。

ISBN 978-4-8470-7275-8